4 bis 7 Jahre

Claudia Ebr

Ideenkiste Kindergarten

Spiele, Arbeitsblätter, Legekärtchen, Bastelvorschläge

AF288852

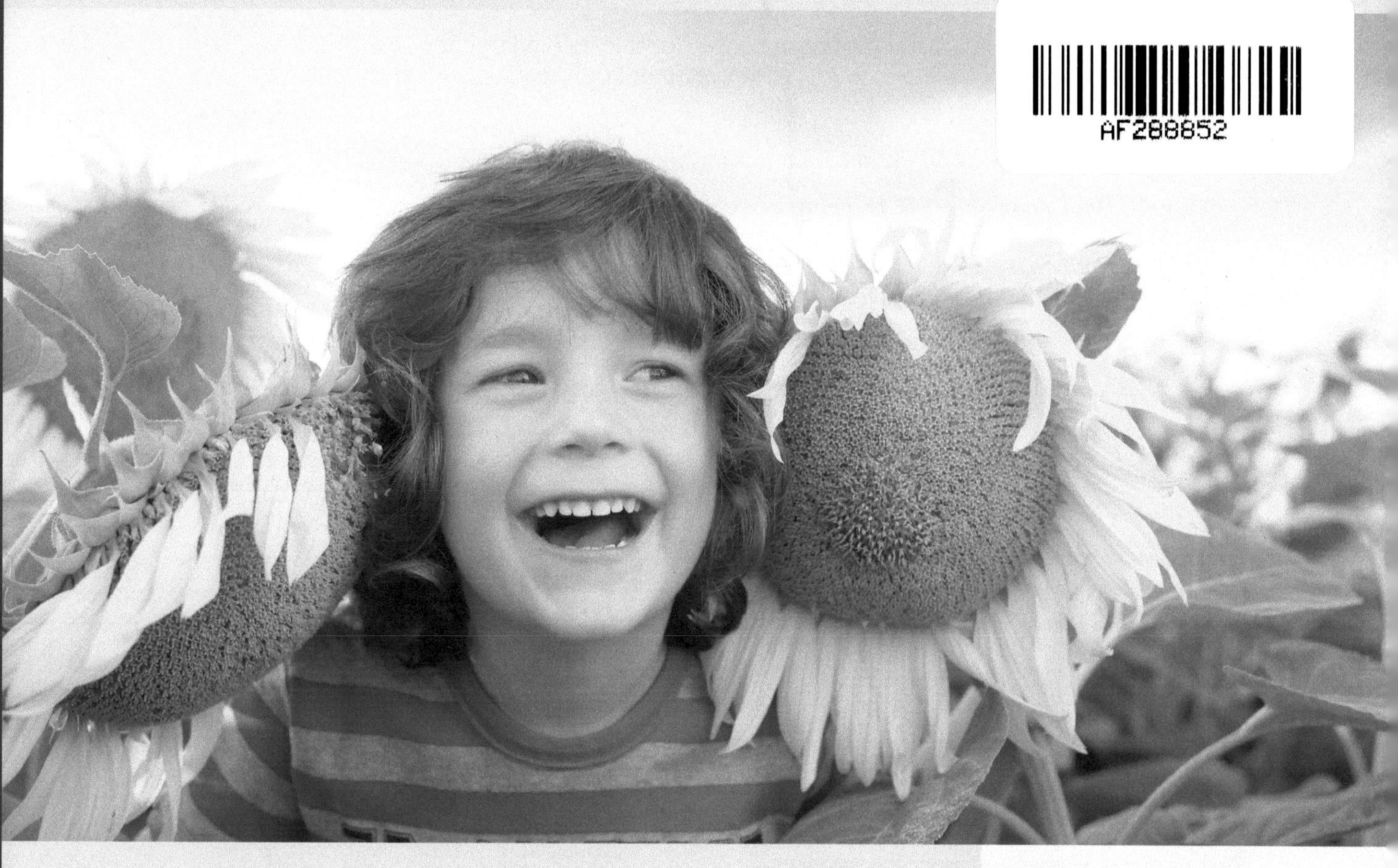

Ideales Trainingsmaterial zur Schulvorbereitung

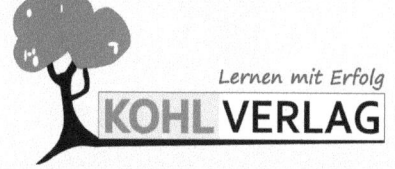

Lernen mit Erfolg
KOHL VERLAG

www.kohlverlag.de

Ideenkiste Kindergarten

Spiele, Arbeitsblätter, Legekärtchen, Bastelvorschläge

13. Auflage 2025

© Kohl-Verlag, Kerpen 2010
Alle Rechte vorbehalten.

Inhalt: Claudia Ebr
Coverbild: © fotolia.com
Redaktion: Kohl-Verlag
Grafik & Satz: Kohl-Verlag
Druck: elanders Druck, Waiblingen

Bestell-Nr. 11 053

ISBN: 978-3-86632-264-6

© der Originalausgabe „Ideenkiste Kindergarten" bei
elk Verlag AG, CH-Winterthur 2007, www.elkverlag.ch

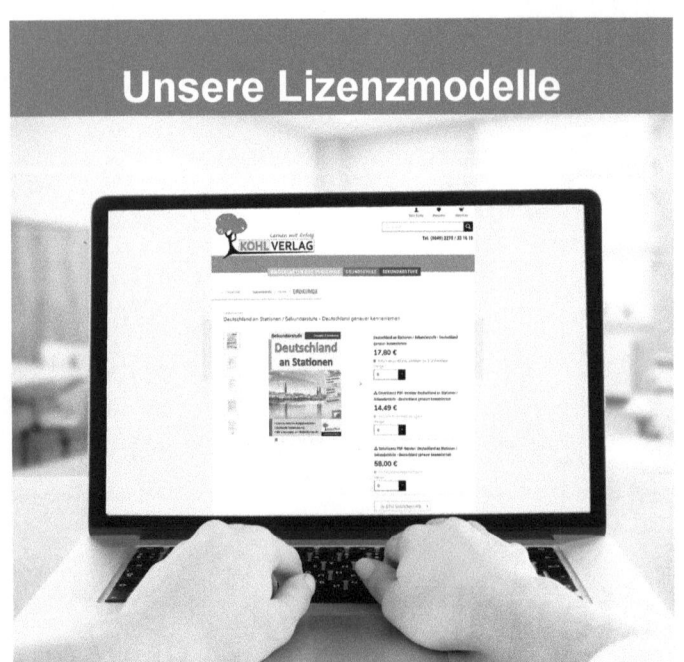

Unsere Lizenzmodelle

Der vorliegende Band ist eine Print-<u>Einzellizenz</u>

Sie wollen unsere Kopiervorlagen auch digital nutzen? Kein Problem – fast das gesamte KOHL-Sortiment ist auch sofort als PDF-Download erhältlich! Wir haben verschiedene Lizenzmodelle zur Auswahl:

	Print-Version	PDF-Einzellizenz	PDF-Schullizenz	Kombipaket Print & PDF-Einzellizenz	Kombipaket Print & PDF-Schullizenz
Unbefristete Nutzung der Materialien	x	x	x	x	x
Vervielfältigung, Weitergabe und Einsatz der Materialien im eigenen Unterricht	x	x	x	x	x
Nutzung der Materialien durch alle Lehrkräfte des Kollegiums an der lizensierten Schule			x		x
Einstellen des Materials im Intranet oder Schulserver der Institution			x		x

Die erweiterten Lizenzmodelle zu diesem Titel sind jederzeit im Online-Shop unter www.kohlverlag.de erhältlich.

Inhalt

IDEENKISTE KINDERGaRTEN
Spiele, Arbeitsblätter, Legekärtchen, Bastelvorschläge   –   Bestell-Nr. 11 053

KOHL VERLAG

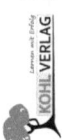

Inhalt

IDEENKISTE KINDERGaRTEN Spiele Arbeitsblätter Legekärtchen Bastelvorschläge – Bestell-Nr. 11 053

KOHL VERLAG

Zur Arbeit mit der Ideenkiste

In meiner fast zehnjährigen Praxis als Erzieherin konnte ich feststellen, dass die Kinder auf einen eigenen Ordner im Kindergarten sehr stolz sind. Mit Eifer sammeln sie ihre thematischen Arbeitsblätter und Zeichnungen. Außerdem dient ein solcher Ordner den Erziehern und Pädagogen auch als Überblick über die Fähigkeiten des Kindes, z.B. bei Elterngesprächen.

Diesem Ordner können Sie das „Bemerkungsblatt" (siehe Kopiervorlage Seite 28) hinzufügen, um Arbeiten festzuhalten, die keinen schriftlichen Niederschlag fanden, für Aufgaben mit Folienstift auf folienüberzogenen Arbeitsblättern oder für Arbeiten mit Kärtchen.

Arbeiten, die sich für die Ausführung mit Folienstiften eignen, sind mit dem Stiftsymbol gekennzeichnet:

Arbeiten, die die für den Werkstattunterricht geeigneten Kärtchen enthalten, sind mit einem Kartensymbol gekennzeichnet:

Ich hoffe, mit dieser Sammlung Ihre Arbeit zu erleichtern. Wir wünschen Ihnen viele schöne Lernmomente mit den Kindern!

Claudia Ebr

PS: Dank gebührt Renzo Tavarner für die PC-Arbeit.

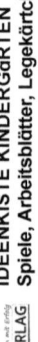

IDEENKISTE KINDERGaRTEN Spiele, Arbeitsblätter, Legekärtchen, Bastelvorschläge – Bestell-Nr. 11 053 KOHL VERLAG

A   Natur und Tiere

1.   Mäuse

Ziel: Mengen, Zählen

Material: - 6 Mäuse (z.B. aus Holz), quadratisches Tuch, Würfel
                               - siehe Kopiervorlage Seite 29

Einführung   Ein Kind würfelt einmal und legt kleine Mäuse auf ein quadrati-
Stuhlkreis: sches Tuch, und zwar genau in derselben Anordnung wie auf
                               dem Würfel. Das nächste Kind würfelt eine andere Zahl
                               und korrigiert das, was das Kind vor ihm gelegt hat, usw..

Durchführung: Die Kinder zählen wie viele Mäuse abgebildet sind und tragen
                         in der Würfelfläche die Punkte ein. Anschließend malen sie für
                         jede Maus eine Nuss als Wintervorrat in die Steinhöhle.

2.   Schneckenmemory

Ziel: Überprüfung der Wahrnehmung, Feinmotorik

Material: - siehe Kopiervorlage Seite 30

Einführung   - Die ausgeschnittenen Kärtchen an die Kinder verteilen.
Stuhlkreis: - Evtl. begleitet von Musik gehen die Kinder herum und verglei-
                           chen ihre Schneckenkärtchen.
                         - Die passenden Kinder-Paare finden sich und malen ihre
                           Schnecken gleich aus.
                         - Memory laminieren; so ist es immer wieder verwendbar.

Durchführung   Zuerst malen die Kinder die identischen Schnecken exakt gleich
Kleingruppe: an, dann wird das Blatt sorgfältig mit Leim bestrichen (keine
                         Stelle auslassen) und auf einen farbigen Bogen Papier geklebt.

Tipp: Hinten und vorne mit Folie bekleben, dann ausschneiden und in
                         einer hübschen selbstgefertigten Papierschachtel aufbewahren.

3.   Igel

Ziel: Zahlen kennen lernen, Feinmotorik

Material: - Holzstäbchen, evtl. Zahlenkärtchen
                               - siehe Kopiervorlage Seite 31

Einführung: - Igel auf DIN A3 kopieren oder nachzeichnen.
                         - Kinder legen z.B. Grillspieße im Zickzack-Muster und numme-
                           rieren nach jedem gelegten Stäbchen den Punkt, der verbun-
                           den wurde (evtl. mit Zahlenkärtchen).

Durchführung: Zeichnen nach Zahlen.

IDEENKISTE KINDERGaRTEN   Spiele, Arbeitsblätter, Legekärtchen, Bastelvorschläge   –   Bestell-Nr. 11 053
KOHL VERLAG

4. Fischmemory

Material: - siehe Kopiervorlage Seite 32

Durchführung: Siehe Schneckenmemory (Nr. 2).

5. Fischmengen

Ziel: Mengen, Zählen

Material: - Holzfische oder Ähnliches
- siehe Kopiervorlage Seite 33

Einführung: Ein Kind würfelt, das andere legt gleich viele Holzfischchen.

Durchführung: Wichtig ist die gleiche Anordnung wie auf dem Würfel. Im unteren Abschnitt sollen gleich viele Fische gezeichnet werden oder es werden Holzfische ins freie Feld gelegt.

Tipp: Freispiel: Auf DIN A3 vergrößern, laminieren; die Kinder legen die richtige Würfelseite und bzw. die richtige Anzahl Holzfische.

6. Drei Elemente – Luft, Wasser, Erde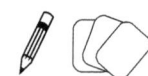

Ziel: Sachwissen, kritisches Unterscheiden

Material: - Spieltiere, Gegenstände (Stein, Schiff, Flugzeug ...), 3 Reifen, 3 Bogen Papier
- siehe Kopiervorlage Seite 34

Einführung Stuhlkreis:
- Experimentieren mit Wasser, mit Papierfliegern.
- Jedes Kind nennt ein Tier, das schwimmt, das fliegen kann oder nur auf dem Land lebt.
- Alle legen die Hände auf die Oberschenkel, die Erzieherin beginnt mit den Händen auf die Oberschenkel zu patschen und sagt: „Patschen, patschen ...", – alle patschen mit – „das Flugzeug fliegt. Wenn es stimmt, fliegen alle Hände in die Luft. Sagt sie jedoch: „Patschen, patschen ... der Elefant fliegt", dürfen die Kinder die Hände nicht in die Luft heben.
- Drei verschiedenfarbige Reifen: Tiere und andere Objekte in den richtigen Reifen ordnen.

Einführung Kleingruppe:
Es gibt Objekte, die doppelt zugeordnet werden können. Das soll unter den Kindern zu Diskussionen führen. Die Erzieherin bereitet drei große Bögen Papier vor (Luft, Wasser, Erde). Die Kinder ordnen zu dritt abwechselnd die Gegenstände und Spieltiere ihrem zuvor gewählten Bogen zu.

Durchführung: Man kann z.B. blau einkreisen, was schwimmt, violett, was fliegt und rot, was an Land ist.

IDEENKISTE KINDERGARTEN
Spiele, Arbeitsblätter, Legekärtchen, Bastelvorschläge – Bestell-Nr. 11 053

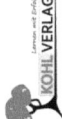
KOHL VERLAG

7. Rabe

Ziel: Zahlen, Feinmotorik

Material:
- Zahlenkärtchen
    - siehe Kopiervorlage Seite 35

Einführung Kleingruppe: Die Kinder legen Zahlenkärtchen aufsteigend nebeneinander. Wie weit ist es möglich? Eventuell auch rückwärts zählen.

Durchführung: Zeichnen nach Zahlen; für Fortgeschrittene als Beigabe im Freispiel

Hinweis: Auch zum Thema „Hexen" oder „Kleine Hexe" verwendbar oder zu „Halloween".

8. Blumen

Ziel: Größen erkennen, Wortschatz

Material:
- Blumen, DIN A3-Kopie (ausgeschnittene Kärtchen)
- siehe Kopiervorlagen Seiten 36 und 37

Einführung Stuhlkreis:
- Blumen vorstellen, benennen: Sonnenblume, Ringelblume, Dotter- und Kleeblume (wenn möglich echte Blumen mitbringen).
- Thematisierung von „größer als/kleiner als" und in Beziehung stellen.
- Auf DIN A3-Blatt kopiert und ausgeschnitten werden die Blumen in die Tabellenspalten sortiert.

Durchführung: Die Blumenkärtchen werden der Größe entsprechend in die leere Tabelle eingeklebt/gelegt. (Einzel-, Partner- oder Gruppenarbeit)

9. Gemüse

Ziel: Größen erkennen, Wortschatz

Material:
- Gemüse (echt oder vom Verkaufsladen), Augenbinde
- siehe Kopiervorlagen Seiten 38 und 39

Einführung
- Echtes Gemüse oder „Verkaufsladen-Gemüse" benennen.
- Gedächtnisspiel: Ein Gemüse wegnehmen, welches fehlt?
- Mit verbundenen Augen das Gemüse erkennen.
- Thematisierung von „größer als/kleiner als" und in Beziehung stellen (Die Kartoffel ist kleiner als der Kürbis.).

Durchführung: Die Kärtchen werden von den Kindern sortiert und die vier Größen nebeneinander auf die Tabelle gelegt oder geklebt. (Einzel-, Partner- oder Gruppenarbeit)

IDEENKISTE KINDERGaRTEN Spiele Arbeitsblätter Legekärtchen Bastelvorschläge – Bestell-Nr 11 053
KOHL VERLAG

10. Bienenflug

Ziel: Feinmotorische Bewegungsnachahmung

Material:
- Schnüre, Papierbogen, Wachskreiden, passendes Musikstück
- siehe Kopiervorlage Seite 40

Einführung Stuhlkreis:
- Mit Schnüren bestimmte Figuren nachlegen.
- In der Luft „nachschreiben".
- Im Freispiel einzelne Kinder an der Wandtafel solche Bewegungen nachzeichnen lassen.
- Rhythmik mit Musik; jedes Kind hat ein Blatt Papier und wiederholt die Bewegungen mit einem Stift.

Durchführung: Die Bienen fliegen in der gleichen Art weiter zur Blume und eventuell wieder zurück.

11. Schmetterling

Ziel: Feinmotorik, Teamarbeit

Material:
- Großes Bild eines Schmetterlings (Foto), DIN A3-Kopie
- siehe Kopiervorlage Seite 41

Einführung Stuhlkreis:
- Schmetterlingsbild (Foto, Zeichnung) genau betrachten und erzählen.
- Schmetterlinge auf DIN A3-Format kopieren, ausschneiden und miteinander zusammensetzen.

Durchführung: Schmetterlingsteile zuerst anmalen, ausschneiden, auf farbiges Tonpapier kleben. Vielleicht dürfen die Kinder ihren Schmetterling mit Glimmer verzieren und Fühler aus Pfeifenputzern aufkleben.

Einführung Kleingruppe: Fünf Kinder gestalten zusammen einen Schmetterling: Jedes bemalt sorgfältig einen Teil. (Tipp: Das Blatt auf DIN A3-Format vergrößern – großzügigeres Resultat!)

12. Sonnenblume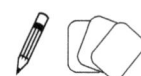

Ziel: Selbstständigkeit, Teamarbeit, Feinmotorik

Material:
- siehe Kopiervorlagen auf den Seiten 42 und 43

Durchführung: Auf dem ersten Blatt sind sechs Innenkreise für sechs Blumen. Jedes Kind schneidet einen Kreis aus, nachdem es ihn braun bemalt hat. Die Blütenblätter sollten, wenn möglich, auf gelbes Papier kopiert werden – für jedes Kind einen Bogen. Von diesen fünfzehn Blütenblättern werden nur elf benötigt, wir nehmen die schönsten. Die Sonnenblume wird auf grünes oder blaues Tonpapier geklebt.

IDEENKISTE KINDERGaRTEN
Spiele, Arbeitsblätter, Legekärtchen, Bastelvorschläge – Bestell-Nr. 11 053
KOHL VERLAG

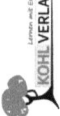

| Durchführung Kleingruppe: | Die Kinder basteln zu zweit oder zu dritt eine Sonnenblume. Auf die Arbeitsaufteilung achten: Ein Kind schneidet, eines klebt die Teile auf, eines malt den Stiel und die Blätter und schneidet sie ebenfalls aus. |

13. Marienkäfer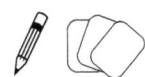

Ziel:	Mengen, Zählen, Symmetrie
Material:	- schwarze Punkte oder Steine, großer Marienkäfer - siehe Kopiervorlage Seite 44
Einführung Stuhlkreis:	Auf einem großen bemalten Marienkäfer legt die Erzieherin/der Erzieher auf einem Flügel die Punkte vor, die Kinder legen auf dem zweiten Flügel die Punkte (eventuell symmetrisch) nach. Mit einem Spiegel kann die Symmetrie aufgezeigt werden!
Einführung Kleingruppe:	Ein Kind legt auf dem großen Marienkäfer die Punkte vor, das andere legt sie nach. Wenn die Aufgabe richtig gelöst ist, zeichnet es einen kleinen Marienkäfer als Belohnung auf ein eigenes Blatt.
Durchführung:	Gleich viele Punkte auf den zweiten Flügel malen.

14. Früchte

Ziel:	Mengen, Feinmotorik, Formerfassung
Material:	- Früchte, Würfel, Augenbinde - siehe Kopiervorlage Seite 45
Einführung Stuhlkreis:	- Farbenkarten zuordnen: Welche Frucht gehört zu welcher Farbe? - Früchte blind erkennen und Form beschreiben: Warum wurde sie erkannt? Wie fühlt sich die Frucht an? - Lege gleich viele Früchte oder Bildchen, wie du gewürfelt hast. - Geschmacksspiele mit verbundenen Augen.
Durchführung:	Gleich viele Früchte zeichnen, wie der Würfel anzeigt.

IDEENKISTE KINDERGaRTEN Spiele, Arbeitsblätter, Legekörtchen, Bastelvorschläge – Bestell-Nr. 11 053

KOHL VERLAG

B   Verschiedene Themen

15. Post

Ziel: Sachwissen, Wortschatz

Material: - thematische und nicht thematische Gegenstände, Tastschachtel
                     - siehe Kopiervorlagen auf den Seiten 46 und 47

Einführung   - Die Erzieherin/der Erzieher hat verschiedene Gegenstände im
Stuhlkreis: Korb, manche passen zum Thema. Jedes Kind darf etwas
                       herausnehmen, benennen, erzählen. Utensilien, die passen,
                       werden in die Spielpost gelegt.
                     - Verschiedene Gegenstände in eine „Tastschachtel" geben, die
                       mit einem handgroßen Loch versehen ist. Die Kinder suchen
                       einen Gegenstand, der zur Post passt.

Durchführung: Utensilienkärtchen spaltenweise in die Liste einkleben oder
                     einfach legen (Einzel-, Partnerarbeit).

16. Zahnpflege   (siehe Nr. 15 „Post")

Ziel: Sachwissen, Wortschatz

Material: - siehe Kopiervorlage Seite 48

Durchführung: Alle Bildchen in die richtige Spalte der leeren Liste kleben/legen.

17. Krankenhaus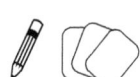

Ziel: Sachwissen, Wortschatz

Material: - thematische und nicht thematische Gegenstände
                     - siehe Kopiervorlage Seite 49

Einführung: Gegenstände aus einer Kiste dem Krankenhaus zuordnen
                     (gezeichnetes Krankenhaus oder Spielhaus).

Durchführung: - Einkreisen, was zum Thema Krankenhaus passt.
                     - Eventuell zu zweit arbeiten, um „Diskussionen" zu ermöglichen.

IDEENKISTE KINDERGaRTEN   Spiele, Arbeitsblätter, Legekärtchen, Bastelvorschläge – Bestell-Nr. 11 053

KOHL VERLAG

18. Kleidung

Ziel: Wortschatz, Feinmotorik

Material: - Kinderkleider, eventuell Puppenkleider
                 - siehe Kopiervorlagen auf den Seiten 50 und 51

Einführung Stuhlkreis:
- Die Erzieherin/der Erzieher hat verschiedene Kleidungsstücke. Diese werden in der Reihenfolge sortiert, wie sie angezogen werden, oder nach Winter- und Sommerkleidern.
- Eventuell eine große Puppe der Saison entsprechend anziehen.
- „Lustvolles Kleidungsspiel"
Die Kinder würfeln der Reihe nach. Wer eine Sechs würfelt, versucht ein paar Kleidungsstücke so schnell wie möglich anzuziehen. In der Zwischenzeit würfeln die anderen Kinder weiter. Schafft es das Kind, alle Kleider anzuziehen, bevor ein anderes eine Sechs gewürfelt hat, holt es sich z. B. einen Luftballon und darf ihn behalten. Ansonsten muss das Kind schnell die Kleider ausziehen und sie dem Kind weitergeben, das eine Sechs gewürfelt hat.

Durchführung:
Einzelarbeit als Freispielbeigabe zum Thema.
Da es für die meisten Kinder zu schwierig sein wird, selbst alles auszuschneiden, bereitet die Erzieherin/der Erzieher ein Set vor. Das abgebildete Kind sollte aus Karton sein und eventuell stehen können. Die Kleidungsstücke zuvor ausmalen, die Laschen mit Klebeband verstärken. Das Kind, welches die Kleider befestigt, kann selbst wählen, ob es ein Mädchen oder einen Jungen daraus machen will. Um die Kleider zu befestigen, sollte der kleine schwarze Balken auf dem Bauch durchstochen werden.

Tipp:
Die Kinder schneiden das Papierkind aus, malen und schneiden die gewählten Kleider aus und kleben sie auf. Es bekommt einen Namen und wird auf ein farbiges Blatt oder auf eine gezeichnete Umgebung geklebt. In diesem Fall sollten die Laschen auf der Kopiervorlage zuvor mit Tipp-Ex abgedeckt werden.

15. Post

Ziel: Feinmotorik, kreatives selbstständiges Gestalten

Material: - Glassteine und andere Verzierungsmaterialien, Papierkrone
                 - siehe Kopiervorlage Seite 52

Einführung Stuhlkreis:
Eine große Papierkrone wird mit Glassteinen verziert. Vielleicht entsteht ein Muster? Jedes Kind legt etwas dazu.

Durchführung:
Jedes Kind darf seine Fantasiekrone malen, eventuell mit Glimmer oder farbigen Papierstückchen bekleben. Wenn das Endprodukt auf einen schmalen, langen Goldstreifen geheftet wird, ist es sogar eine Krone, die man sich auf den Kopf setzen kann.

Tipp: Auf festes Papier kopieren (Einzeleinzug).

IDEENKISTE KINDERGaRTEN   Spiele, Arbeitsblätter, Lesekärtchen, Bastelvorschläge   –   Bestell-Nr 11 053   KOHL VERLAG

20. Kronen

Ziel: Überprüfung der Wahrnehmung und der Motorik

Material: - siehe Kopiervorlage Seite 53

Durchführung: Möglichst gleiche Kronen nachzeichnen.

Hinweis: - Eher schwierig!
- Eventuell einen Spiegel einsetzen, um die Aufgabenstellung zu verdeutlichen.

21. Eisbär

Ziel: Formerkennung, Feinmotorik

Material: - DIN A3-Kopien des Bären, blaue Papierbögen, weißes Papier für Eisberge, Körbchen
- siehe Kopiervorlage Seite 54

Einführung Stuhlkreis: DIN A3-Kopien des Bären, schon in Einzelteile zerschnitten. Je sieben Kinder bekommen einen Teil und versuchen gemeinsam, das Tier auf einen Bogen blaues Papier zu legen.

Durchführung: Die Kinder dürfen das Gleiche mit ihrem eigenen Arbeitsblatt ausprobieren. Es empfiehlt sich, jedem Kind ein Körbchen zu geben, damit es die Teile, die es ausgeschnitten hat, nicht verliert.

Durchführung Kleingruppe: Ein Kind malt oder klebt Eisberge auf ein blaues Blatt, zwei Kinder ordnen die Teile des vorgeschnittenen Eisbären und kleben sie auf.

22. Bauernhof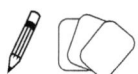

Ziel: Richtungserkennung

Material: - siehe Kopiervorlage Seite 55

Einführung Stuhlkreis: - Mit dem Spiel „Mein rechter Platz ist leer, da wünsch' ich mir den *Martin* her." das Bewusstsein für rechts und links stärken.
- Raumorientierungsübungen: Wer blickt zu wem oder Spielsituation mit dem Bauernhof und den Tieren nachstellen.

Durchführung: Den 2 Bauern sind die Tiere durcheinander geraten. Doch die Tiere und auch Hans auf dem Traktor wissen genau, wo sie hingehören. Sie orientieren sich bereits auf die richtige Seite. Die Kinder ordnen die kreisförmig ausgeschnittenen Figuren nach der Richtung oder kreisen sie auf dem Arbeitsblatt mit zwei verschiedenen Farben ein.

IDEENKISTE KINDERGaRTEN
Spiele, Arbeitsblätter, Legekärtchen, Bastelvorschläge – Bestell-Nr. 11 053
KOHL VERLAG

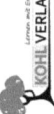

23. Eisbär (zum Abschluss des Themas „Bauernhof" als Vertiefung)

Ziel: Sachwissen, Ordnen

Material: - siehe Kopiervorlage Seite 56

Durchführung   - Produktekärtchen ausschneiden
Kleingruppe: - Kinder ordnen die richtigen Kärtchen einer hölzernen Kuh zu
                               oder malen auf dem Arbeitsblatt die Milchprodukte aus.

24. Hexe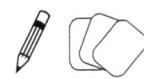

Ziel: Konzentration, Feinmotorik

Material: - etwa sieben gleichfarbige, lange Seile
                             - siehe Kopiervorlage Seite 57

Einführung   Die Erzieherin/der Erzieher legt gleichfarbige Seile durcheinander.
Stuhlkreis: Ein Kind läuft auf einem Seil. Wohin gelangt es?

Einführung   Den Kindern stehen Seile zur Verfügung. Sie legen sich gegen-
Kleingruppe: seitig Wege und raten, wo sie ankommen.

Durchführung: Arbeitsweise und Vorgehen besprechen: Mit Finger den Linien
                             nachfahren. Wo enden sie? Auf welchem Weg findet die Hexe
                             wieder zu ihrem Hexenhäuschen zurück? Solche Aufgaben selbst
                             zeichnen lassen und austauschen.

25. Hokuspokus-Kärtchen

Ziel: Ordnen nach Logik und Abläufen, Wortschatz

Material: - siehe Kopiervorlage Seite 58

Einführung   - Auf DIN A3-Format kopierte, ausgeschnittene Kärtchen.
Stuhlkreis: - Die eine Hälfte der Kärtchen liegt offen im Kreis, die dazuge-
                             hörigen Bilder sind verdeckt und werden nacheinander aufge-
                             deckt und zugeordnet. Es bleibt Raum für Diskussionen, denn
                             es gibt verschiedene Kombinationen.

Einführung   - Kärtchen ausschneiden, mischen und sinnvolle Paare bilden;
Kleingruppe: eventuell dazu eine Geschichte erfinden.
                             - Kärtchen ausschneiden und sinnvolle Paare zu einem selbst
                             gemalten Hexenhaus aufkleben. Nicht alle Kärtchen müssen
                             verwendet werden.

IDEENKISTE KINDERGaRTEN
Spiele, Arbeitsblätter, Legekärtchen, Bastelvorschläge – Bestell-Nr. 11 053
KOHL VERLAG

26. Schlüsseldomino

Ziel: Wahrnehmung, Formerkennung

Material:
- siehe Kopiervorlage auf den Seiten 59-61
- Das letzte Dominokärtchen befindet sich auf Seite 61.

Einführung
Stuhlkreis:
Die Dominosteine/Kärtchen werden an die Kinder verteilt. Ein Kärtchen liegt in der Kreismitte. Wer hat ein passendes?

Durchführung:
- 2–3 Spiele stehen für kleine Gruppen im Freispiel zu Verfügung.
- Bastelarbeit für jedes Kind (evtl. mit Aufbewahrungsschachtel)
- Vergrößert und einzeln ausgeschnitten als Memory verwendbar
- Aufgabe zu den Memorykärtchen: Suche möglichst viele verschiedene Schlüsselformen!

27. Urwaldspiele

Ziel: Wissens- und Wortschatzerweiterung, Zählen, Spielregeln einhalten

Material:
- Urwaldposter, das eventuell zum Spielplan umfunktioniert werden kann
- rote und grüne Farbklebepunkte aus dem Papierfachhandel
- 2 weiße, rechteckige Etiketten für Start und Ziel
- je nach Können und Alter der Kinder: 6er-, 12er- oder 20er-Würfel
- etwa 20 Zusatzkärtchen, am besten Holz- oder Kartonrondellen
- 6 gebastelte Tierfiguren – siehe Arbeitsblatt (ausmalen, ausschneiden und auf ein Geld- oder Kartonstück kleben)
- Spielplan nach der Herstellung laminieren oder mit Folie überziehen
- siehe Kopiervorlage Seite 61

Herstellung:
- Auf dem Spielplan die bekannten Tiere nummerieren.
- Rondellen mit je einer Nummer der Tiere beschriften.
- Auf dem Spielplan Start- und Ziel-Etiketten platzieren.
- Weg mit 50 grünen und 20 roten Punkten gemischt kleben.

Spielablauf:
Maximal 4 Spieler/innen mit ihren Tierfiguren haben die Aufgabe, sich dem Dschungelweg entlangzuwürfeln. Auf jedes rote Feld wird eine Zahlenrondelle verdeckt gelegt (oder sie ziehen jedes Mal ein verdecktes Zahlenkärtchen, wenn keine Rondellen vorhanden sind). Das betreffende Tier wird auf dem Plan gesucht. Kann der Name genannt werden, darf das Kind die Rondelle zu sich nehmen. Gewonnen hat, wer am meisten Rondellen (bzw. Kärtchen) sammeln konnte. Schwieriger: Das Kind erzählt, was es alles über das betreffende Tier weiß, oder erfindet eine Geschichte dazu. Die Gewinner/innen bekommen einen Dschungeltierstempel auf die Hand.

Herstellung:
Wichtig ist, dass die Kinder die Tiere kennen gelernt haben!

IDEENKISTE KINDERGaRTEN
Spiele, Arbeitsblätter, Legekärtchen, Bastelvorschläge – Bestell-Nr. 11 053
KOHL VERLAG

28. Zirkus

Ziel:	Wahrnehmung überprüfen, Feinmotorik, Spiegelung
Material:	- randlose Spiegel, Kleinmaterial - siehe Kopiervorlage Seite 62
Einführung Kleingruppe:	Experimentieren mit Spiegelspielen (im Handel erhältlich) oder mit Kunststoffspiegeln und Kleinmaterial; Muster legen, zeichnen, spiegeln.
Durchführung:	Die zweite Hälfte ergänzen.

29. Zwergenmützen

Ziel:	Formwahrnehmung, Ausdauer
Material:	- siehe Kopiervorlage Seite 63
Einführung:	Märchen „Schneewittchen"
Durchführung:	- Die identischen Zwergenmützen gleich ausmalen. - Mit verschiedenen Folienstiften auf einem mit Folie überzogenen Blatt verbinden (wieder auswischbar).
Hinweis:	Es sind genau 14 verschiedene Mützen – für jeden der 7 Zwerge zwei.

30. Seifenblasen

Ziel:	Zählen, Feinmotorik, Farberkennung
Material:	- blauer Papierbogen - siehe Kopiervorlage Seite 64
Einführung:	Thema Farben, Farbenlieder, Farbengeschichten.
Durchführung:	Malen nach Zahlen: Die Kinder wählen ihre Lieblingsfarben und tragen sie in die Liste ein. Sie malen die Seifenblasen nach Vorgabe an, schneiden sie aus und kleben sie auf einen gemeinsamen blauen Bogen.
Hinweis:	Möglicher Bezug zum Bilderbuch „Ich bin ich" von Mira Lobe.

31. Verschiedene Gebäudearten

Ziel: Wahrnehmung, Feinmotorik, Mengenerfassung, Wortschatz

Material: - siehe Kopiervorlage Seite 65

Einführung: Verschiedene Gebäude (Kirche, Schloss, Wohnblock etc.)
kennen lernen, benennen, eventuell auf Kärtchen zeichnen
lassen und ordnen.

Durchführung: Gleich viele Fenster und Türen im Gebäude nebenan einzeichnen.

Tipp: Zwei Kinder korrigieren ihre Arbeit gegenseitig und zeichnen
selber solche Aufgaben.

32. Schloss als Nähbild

Ziel: Kreativität, Feinmotorik, Geduld

Material: - Nähutensilien
                     - siehe Kopiervorlage Seite 66

Einführung: Beispielsweise Bilderbuch und thematische Bearbeitung von
„Felix Nadelfein"

Durchführung: Arbeitsblatt auf festes Papier kopieren. Die Kinder zeichnen die
fehlenden Fenster und die Dekorationen selber. Sie malen das
Schloss aus und stechen die Fenster aus. Das Bild mit Folie überziehen, die Löcher vorstechen und mit normalem Heftstich nähen.

33. Berufe

Ziel: Sachwissen, Wortschatz

Material: - Gegenstände, die zu den verschiedenen Berufen passen,
                     Augenbinde
                     - siehe Kopiervorlage Seite 67

Durchführung
Stuhlkreis: - „Heiteres Beruferaten": Ein Kind denkt sich einen Beruf (oder es
zieht ein Kärtchen) und erzählt den anderen, was es alles
macht. Die anderen Kinder raten.

Spielablauf
Kleingruppe: - „Wer bin ich?" (Kärtchen von der Vorlage verwenden)
                     - Ein Kärtchen wird einem Kind auf die Stirn geheftet (mit
Gummiband oder Klebstreifen). Das Kind weiß nicht, was abgebildet ist, und muss erraten, welchen Beruf es ausübt! Es fragt
z.B.: „Arbeite ich draußen? Brauche ich Schreibzeug?" Die Ant-
worten dürfen nur „Ja" oder "Nein" lauten. Die Bezeichnung des
Berufes erst dann nennen, wenn man fast sicher ist. Ein an-
spruchsvolles Spiel, das geübt sein muss!

IDEENKISTE KINDERGaRTEN
Spiele, Arbeitsblätter, Legekärtchen, Bastelvorschläge — Bestell-Nr. 11 053

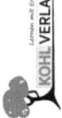

- Einem Kind werden die Augen verbunden – es bekommt einen
  Gegenstand: „Was ist es und zu welchem Beruf gehört es?"
  Das ensprechende Bild wird auf ein Tuch im Stuhlkreis gelegt.
- Gegenstände und Kärtchen sortieren – zu zweit oder alleine.

34. Musterteppich

Ziel:	Feinmotorik, Musterablauf erkennen
Material:	- Stäbchen, Steine, Rondellen etc. - siehe Kopiervorlage Seite 68
Einführung Stuhlkreis:	- Mit den Kindern Muster in die Luft zeichnen. - Ein Tuch mit Mustern verzieren (dabei werden verschiedene Glassteine, Formen und Stäbchen gelegt).
Durchführung:	Muster fertig stellen.
Durchführung Kleingruppe:	Ein Kind legt mit verschiedenen Materialien ein Muster vor, andere legen es nach.

35. Labyrinth

Ziel:	Konzentration, Motorik
Material:	- Instrumente, Klangkörper, Augenbinde - siehe Kopiervorlage Seite 69
Einführung Stuhlkreis:	Klanglabyrinth: Einem Kind werden die Augen verbunden, die anderen Kinder spielen ein Instrument oder einen Klangkörper. Das Kind sollte z.B. die Trommel finden. Alle verhalten sich jetzt ganz ruhig. Das „blinde" Kind geht herum – wenn es sich einem Kind nähert, spielt dieses ein paar Töne. Das „blinde" Kind sucht, bis es die Trommel gefunden hat. (Tonlabyrinth)
Durchführung:	Die Erzieherin/der Erzieher oder die Kinder können zum Thema passend selbst zeichnen, wer zu wem findet. Beispiel: „Wie findet die kleine Hexe zum Haus zurück?"

IDEENKISTE KINDERGaRTEN · KOHL VERLAG · Bestell-Nr. 11 053

36. Piratenspiel

<u>Ziel</u>:	Zählen, Spielregeln, Themenvertiefung
<u>Material</u>:	- etwa 15 Glassteine (8 für Kreuzfelder, 7 für den Schatz), Schatzkistchen im Ziel, 4 Spielfiguren - siehe Kopiervorlagen Seiten 70 und 71
<u>Hinweis</u>:	- Spielplan ist auf 2 Seiten gedruckt, bitte zusammenkleben. - Für die ganze Klasse oder für jedes Kind.
<u>Durchführung</u> <u>Stuhlkreis</u>:	- Spielplan anmalen und eventuell mit Folie überziehen. - Spielregeln siehe Spielfeld.

37. Drachen

<u>Ziel</u>:	Feinmotorik, Kreativität
<u>Material</u>:	- siehe Kopiervorlage Seite 72
<u>Einführung</u>:	Thema Herbst oder z.B. Bilderbuch „Der Drache Fridolin".
<u>Durchführung</u>:	Dieser Drache kann richtig fliegen! Auf Zeichenpapier kopieren, ausmalen, an der gestrichelten Linie zusammenfalten, die Mittellinie wird dabei „versenkt" und zur Verstärkung mit einem Holzspieß beklebt. Das vorgezeichnete Loch ausstanzen, verstärken und auf der oberen Querlinie auch einen Holzspieß befestigen (Leim und zur Fixierung während des Trocknens etwas Klebeband verwenden). Als Schwanz eine Schnur mit Mäschchen aus Seidenpapier oder Krepppapierbändern befestigen. Im ausgestanzten Loch eine Schnur befestigen. Wenn man den Drachen an dieser Schnur schwungvoll herumzieht, schwebt er nach den Bewegungen in der Luft.

IDEENKISTE KINDERGaRTEN
Spiele, Arbeitsblätter, Legekärtchen, Bastelvorschläge – Bestell-Nr. 11 053

KOHL VERLAG

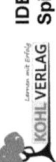

38. Perlenketten

<u>Ziel:</u>	Musterablauf erkennen und wiedergeben, Feinmotorik
<u>Material:</u>	- Plastikschnur, Holzperlen - siehe Kopiervorlage Seite 73
<u>Einführung Stuhlkreis:</u>	Zusammen eine Kette herstellen, die einem bestimmten Farbmuster untergeordnet ist.
<u>Durchführung Kleingruppe:</u>	Eine Kette mit Mustervorlage bereitstellen – Kinder stellen sie fertig.
<u>Durchführung:</u>	Die Reihenfolge muss fertig gezeichnet werden. Bei der unteren Kette erfindet das Kind eine Farbabfolge.

39. Bauecken-Utensilien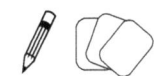

<u>Ziel:</u>	Mengen, Zählen
<u>Material:</u>	- Bauecken-Utensilien, Kisten, Säcke - siehe Kopiervorlage Seite 74
<u>Einführung Stuhlkreis:</u>	Es werden jeweils 2er-, 3er-, 4er-Mengen (oder mehr) mit Bauecken-Utensilien gebildet (in Kistchen oder Säckchen abfüllen).
<u>Einführung Kleingruppe:</u>	Die Kinder ordnen verschiedene Bauecken-Utensilien zu zweit oder zu dritt in 2er-, 3er- und 4er-Mengen-Säckchen.
<u>Durchführung:</u>	Die Gegenstandsmengen wie angegeben einkreisen (einen „Sack" darum herum zeichnen).

40. Bausteine

<u>Ziel:</u>	Formen erkennen und benennen, Farbzuordnung
<u>Material:</u>	- Bausteine in den abgebildeten Formen (wenn möglich ungefärbte), Farbwürfel - siehe Kopiervorlage Seite 75
<u>Durchführung Stuhlkreis:</u>	Die verschiedenen Formen werden den Farben des Farbwürfels zugeordnet: z.B. die Dreiecke sind rot, die Kreise blau, die Quadrate grün (Formen benennen). Würfelt ein Kind Rot, nimmt es wie abgemacht ein Dreieck usw.. So entsteht ein Gemeinschaftsbau.
<u>Durchführung:</u>	Alle Kinder malen die oben abgebildeten Formen mit ihren Farben an. Entsprechend färben sie die Bausteine unten im Turm gleich ein.

IDEENKISTE KINDERGaRTEN
KOHL VERLAG

41. Puppenecke-Kärtchen

<u>Ziel:</u>	Mengen, Zählen
<u>Material:</u>	- Spielfiguren oder Steine - siehe Kopiervorlagen Seiten 76 und 77
<u>Durchführung:</u>	Die Kärtchen werden in Kleingruppenarbeit oder alleine in die entsprechende Spalte der Würfeltabelle gelegt oder geklebt. In die letzte Spalte werden genauso viele Spielfiguren oder Steine gelegt, Figuren hineingezeichnet oder Bildchen eingeklebt.

42. Geburtstag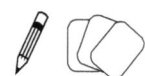

<u>Ziel:</u>	Mengen, Zählen
<u>Material:</u>	- 20 Christbaumkerzen oder Geburtstagskerzen, (Vogel-)Sand, zwei Schalen - siehe Kopiervorlage Seite 78
<u>Einführung Stuhlkreis:</u>	Zwei Schalen mit Sand stehen im Kreis. Die Erzieherin/der Erzieher hat etwa 20 Christbaumkerzen oder Geburtstagskerzen bereit. Sie steckt drei Kerzen in den Sand, ein Kind macht es in der anderen Schale nach. Während die Kinder wegschauen, wird in einer Schale etwas verändert (dazugeben oder wegnehmen). Wer kann die zweite Schale wieder angleichen?
<u>Durchführung Kleingruppe:</u>	Ein Kind steckt vor, ein anderes ergänzt oder vermindert in seiner Schale.
<u>Durchführung:</u>	Tobias und Marion haben am gleichen Tag Geburtstag und sind gleich alt. Ergänze die fehlenden Kerzen. Wenn die Kinder Schwierigkeiten haben, Kerzen zu zeichnen, genügt es, Striche zu machen.

43. Blätter und Baumarten

<u>Ziel:</u>	Sachwissen, Begriffe, Bezug zur Natur
<u>Material:</u>	Spiel für 2-4 Kinder: - ein Korb mit gemischten gepressten Blättern, 6 Schachteln (mit den Kärtchen gekennzeichnet), Würfel, Blattkarten Seite 78
<u>Einführung:</u>	Blätter in der Natur sammeln, eventuell pressen und sie in verschiedene Schachteln sortieren.
<u>Durchführung:</u>	- Gruppenarbeiten im Wald/Garten: 2 Kinder bekommen 1 Kärtchen und den Auftrag, eine bestimmte Anzahl dieser Blattart

IDEENKISTE KINDERGaRTEN
Spiele, Arbeitsblätter, Legekärtchen, Bastelvorschläge – Bestell-Nr. 11 053
KOHL VERLAG

zu suchen.
- Dieselben Blätter wie auf der Abbildung sind im KG getrocknet und gepresst vorhanden. Die Kinder schneiden alle Kärtchen aus und kleben die getrockneten Blätter und das passende Kärtchen zusammen auf eine Seite.
- Ein Kind würfelt und zieht eine Blattkarte (z.B. würfelt es eine 5 und zieht eine Birkenkarte). Also legt es 5 Birkenblätter in die entsprechende Schachtel.

Durchführung
Kleingruppe:
- Große Bäume gemeinsam gestalten: Birken, Eichen etc.
- Die entsprechenden Blätter auf selbst gezeichnete Bäume (Packpapier, DIN A2) aufkleben.

44. Kürbis schnitzen

Ziel: Feinmotorik, Formwahrnehmung

Material:
- großer aufgezeichneter Kürbis, Plätzchenausstecher, farbiges Papier
- siehe Kopiervorlage Seite 80

Einführung
Stuhlkreis:
Welche Motive finden sich auf Kürbissen? Was kennen die Kinder? Ideenliste zusammentragen; die Kinder dürfen mit oder ohne Hilfe von Plätzchenausstechern Motive aus farbigem Papier herstellen.

Durchführung:
- Ein großer, aufgezeichneter Kürbis wird mit Motiven verziert.
- Das Muster im Kürbis fertigstellen.
- Der Deckel darf mit dem eigenen Lieblingsmuster oder Motiv verziert werden.

45. Der angeknabberte Nikolaussack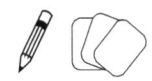

Ziel: Wahrnehmung, Mengenerfassung

Material:
- 2 Säcke mit Nikolaussachen, Bart, Hut, eventuell Mäuseohren zum Anziehen
- siehe Kopiervorlage Seite 81

Einführung:
Die Kindergärtnerin hat zwei große Säcke und typische „Niko-laussachen". Sie legt in einen Sack ca. 5 Sachen; in den ande-ren nur drei davon, weil dort ein Loch ist. Das Loch wurde von einer Maus geknabbert, die auch die Sachen gefressen hat. Welche zwei Sachen müssen also ergänzt werden, damit die Kinder, die den Sack bekommen, nicht enttäuscht sind.

- Ein Kind spielt den Nikolaus (evtl. mit Bart und Hut), eines die Maus (evtl. mit Mäuseohren). Der Nikolaus geht kurz vor die Tür – und schwupps! – die Maus hat schon etwas stibitzt! Der Nikolaus errät, was es war. Wenn er es weiß, bestimmt er, wer als Nächster dran ist.

Durchführung: Zeichne im zweiten Sack dazu, was fehlt.

46. Sterne

Ziel: Feinmotorik, Formwahrnehmung

Material: - dunkelblauer Bogen Papier für Sternenhimmel
- siehe Kopiervorlage Seite 82

Einführung Stuhlkreis: Die noch nicht fein ausgeschnittenen Sterne werden an die Kinder verteilt, und zu Musik suchen sie ihr Doppel. Pärchen finden sich und malen ihre Sterne gleich aus. Zum Schluss kleben die Kinder einen gemeinsamen Sternenhimmel.

Einführung Kleingruppe: Die Kinder malen die selben Sterne gleich aus, schneiden sie aus und mischen sie. Jedes Kind sucht zwei gleiche Sterne heraus und klebt sie auf ein dunkles Sternenblatt.

Durchführung: Verbinde mit einem Strich die gleichen Sterne miteinander.

47. Weihnachtskerzen und -kugeln

Ziel: Gemeinschaftswerk, Feinmotorik

Material: - großer, gemalter Weihnachtsbaum, eventuell noch Glimmer dazu
- siehe Kopiervorlage Seite 83

Durchführung: Alle kreieren eine persönliche Weihnachtskugel und -kerze für den Gemeinschafts-Weihnachtsbaum, der als großes Plakat den Themenbereich dekoriert.

Tipp: Adventskalender: Der große Weihnachtsbaum wird jeden Tag mehr geschmückt.

IDEENKISTE KINDERGaRTEN
Spiele, Arbeitsblätter, Legekärtchen, Bastelvorschläge – Bestell-Nr. 11 053

KOHL VERLAG

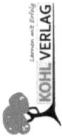

48. Schneemann

Ziel: Formen- und Größenwahrnehmung, Feinmotorik

Material: - siehe Kopiervorlage Seite 84

Einführung: Die beste Einführung wäre, einen echten Schneemann zu bauen!

Durchführung: Füge die Teile zusammen und klebe sie auf ein schwarzes oder blaues Blatt. Das Gesicht wird selbst gezeichnet (eventuell zu zweit).

49. Fasching

Ziel: Formenwahrnehmung

Material: - siehe Kopiervorlage Seite 85

Durchführung: Die Teile der vier Faschingsfiguren sind durcheinander geraten. Klebe die Puzzleteile richtig auf (eventuell zu zweit).

50. Wasserkreislauf

Ziel: Sachkunde, Abläufe

Material: - siehe Kopiervorlagen auf den Seiten 86 und 87

Einführung Stuhlkreis:
- Gespräche anhand von Bildmaterial (Reise eines Regen- tropfens)
- Vertiefung mit Liedern, Gedichten und Bewegung

Ich bin die große Sonne
aus mir kommen Strahlen,
das gibt Licht
für Pflanzen, Tiere, Menschen
und auch genau in dein Gesicht.
Ich gebe allen warm und hell,
so wachsen Blumen auch sehr schnell.
Es ist klar, dass ich viel trinken will
und mit dem Wasser Wolken füll'!

Zum Teil von N. Baumann:
Die Sonne berührt mit ihren Strahlen (gelbes Tuch aus Chiffon)
ein Kind nach dem anderen, die nun Wassertröpfchen sind.
Gleichzeitig läuft „Wassermusik": Die Tröpfchen mit blauen
Tüchern tanzen um die Sonne. Ist die Musik zu Ende, „fallen"
alle Tröpfchen an ihren Platz.

IDEENKISTE KINDERGaRTEN · KOHL VERLAG · Bestell-Nr. 11.053

Einführung	- Wasserkreislauf mit den Kärtchen legen
Kleingruppe:	- Geschichten erfinden: Jedes Kind ist ein Regentropfen. Wo falle ich hin? Wohin geht die Reise?
Durchführung:	Jedes Kind malt über eine längere Zeit hinweg seine Bildchen aus, die auf festes Papier kopiert sind, schneidet sie aus und nimmt das Werk zusammen mit dem Legebogen mit nach Hause.

51. Ostereier

Ziel:	Zahlenerkennung, Zählen
Material:	- Kneteier, Körbchen, Zahlenkärtchen - siehe Kopiervorlage Seite 88
Einführung:	Gleich viele Kneteier in ein Körbchen legen wie auf dem Zahlenkärtchen vorgegeben.
Durchführung:	Das richtige Zahlenkärtchen auf/neben die Eierkärtchen legen.

52. Würfelspieltabelle

Ziel:	Zahlenerkennung, Orientierung in Tabellen
Material:	- 12er-Würfel, Themenstempel - siehe Kopiervorlage Seite 89
Durchführung:	Zwei Spieler tragen oben ihren Namen ein. Mit dem 12er- oder sogar 20er-Würfel (Spielwarenhandel) wird abwechslungsweise gewürfelt. Spieler 1 würfelt die Zahl 8; er trägt die Zahl 8 in die linke Spalte unter seinem Namen ein und rechts zeichnet er ebenso viele Steine. Jetzt ist Spieler 2 an der Reihe. Wenn beide dran waren, wird verglichen, wer mehr hat. Dieser Spieler kann sein Gewinnerfeld mit einem Stempel, der eventuell sogar zum Thema passt, kennzeichnen.

IDEENKISTE KINDERGARTEN   Spiele, Arbeitsblätter, Legekärtchen, Bastelvorschläge – Bestell-Nr. 11 053

KOHL VERLAG

53. Figuren I

Ziel: Schreibvorübung, Feinmotorik

Material:
- Seile, Schnüre, Hölzchen usw.
- siehe Kopiervorlage Seite 90

Einführung: Ein Kind legt mit geeignetem Material, welches es selbst aussucht, Figuren vor; die anderen legen sie nach.

Durchführung:
- Mehrere Male nachzeichnen, auf die Mittellinie achten.
- Schreibübung für die schulreifen Kinder.

54. Figuren II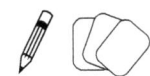

Ziel: Schreibvorübung, Feinmotorik

Material:
- ein Set Holzstäbchen für alle Kinder (Zahnstocher, Streichhölzer ohne Kopf)
- siehe Kopiervorlage Seite 91

Einführung:
- Die Figuren der ersten Spalte liegen als einzelne Kärtchen vor.
- Die Kinder schauen sich die Vorlagen bei der Erzieherin/beim Erzieher an und legen sie der Klasse vor.
- Alle legen die Figur nach.
- Kontrolliert wird mit dem Vorlagekärtchen.

Durchführung: Figuren vervollständigen, sodass sie genau gleich aussehen wie die erste Figur im Kästchen.

IDEENKISTE KINDERGaRTEN
KOHL VERLAG

D Ziele

Die Ziele sind nur für die Arbeitsblätter und Materialien für den Werkstattunterricht formuliert, jedoch nicht für die zusätzlichen Ideen.

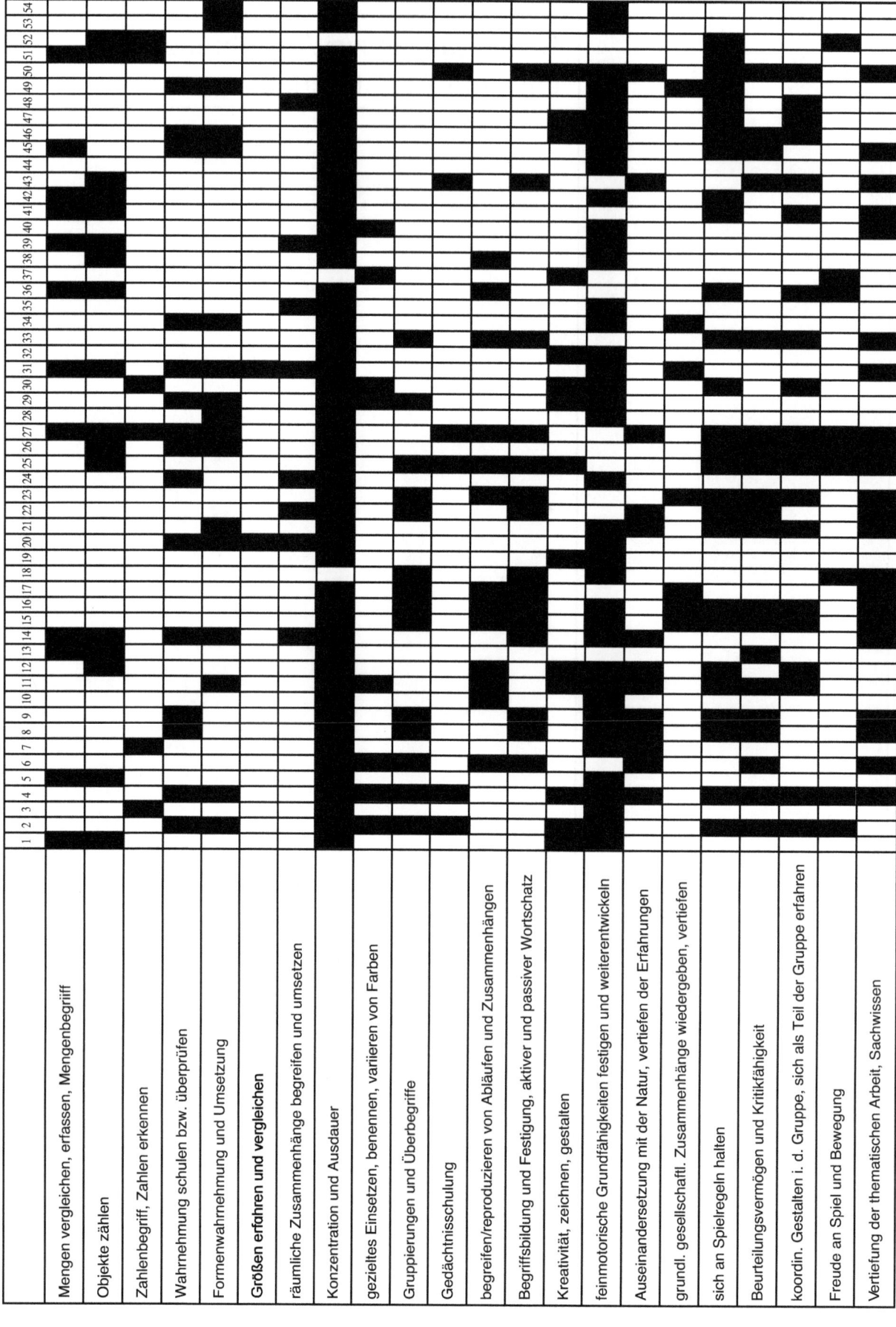

Spalten: 1–54

Zeilen (Ziele):
- Mengen vergleichen, erfassen, Mengenbegriff
- Objekte zählen
- Zahlenbegriff, Zahlen erkennen
- Wahrnehmung schulen bzw. überprüfen
- Formenwahrnehmung und Umsetzung
- Größen erfahren und vergleichen
- räumliche Zusammenhänge begreifen und umsetzen
- Konzentration und Ausdauer
- gezieltes Einsetzen, benennen, variieren von Farben
- Gruppierungen und Überbegriffe
- Gedächtnisschulung
- begreifen/reproduzieren von Abläufen und Zusammenhängen
- Begriffsbildung und Festigung, aktiver und passiver Wortschatz
- Kreativität, zeichnen, gestalten
- feinmotorische Grundfähigkeiten festigen und weiterentwickeln
- Auseinandersetzung mit der Natur, vertiefen der Erfahrungen
- grundl. gesellschaftl. Zusammenhänge wiedergeben, vertiefen
- sich an Spielregeln halten
- Beurteilungsvermögen und Kritikfähigkeit
- koordin. Gestalten i. d. Gruppe, sich als Teil der Gruppe erfahren
- Freude an Spiel und Bewegung
- Vertiefung der thematischen Arbeit, Sachwissen

IDEENKISTE KINDERGaRTEN
Spiele, Arbeitsblätter, Legekärtchen, Bastelvorschläge – Bestell-Nr. 11 053
KOHL VERLAG

E   Bemerkungstabelle

Name:	
Arbeitsauftrag	Bemerkungen zur Ausführung und zum Arbeitsverhalten

IDEENKISTE KINDERGaRTEN
Spiele-Arbeitsbücher Logaktiken Bastelvorschläge · Bestell-Nr. 11 052
KOHL VERLAG

A

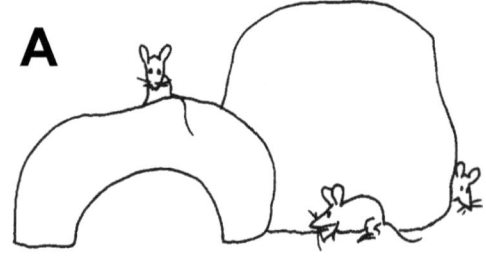

B

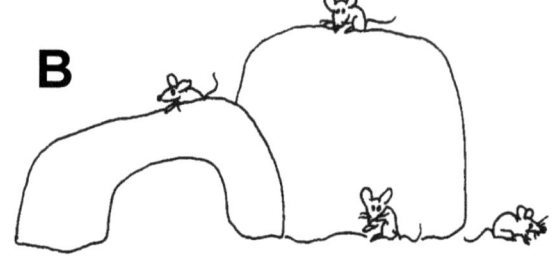

C

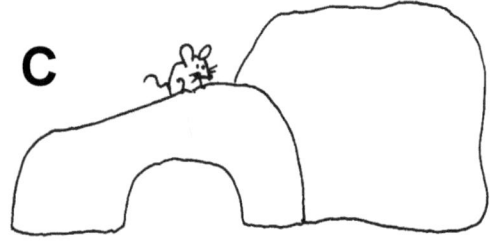

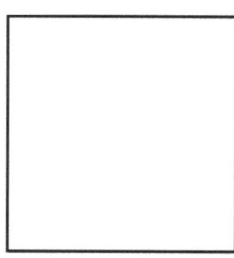

D

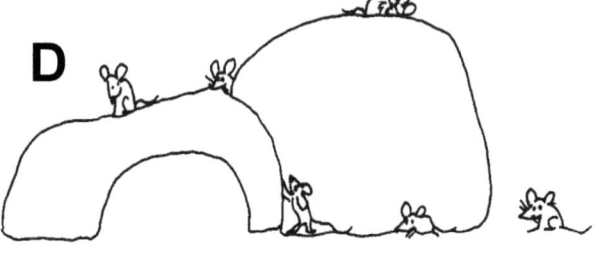

E

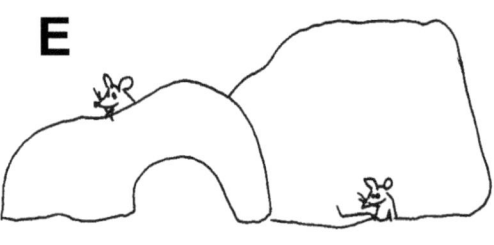

F

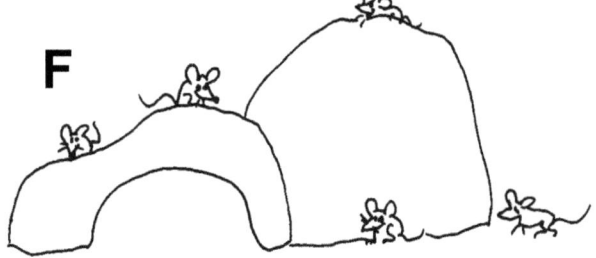

IDEENKISTE KINDERGaRTEN
Spiele, Arbeitsblätter, Legekärtchen, Bastelvorschläge – Bestell-Nr. 11 053
KOHL VERLAG

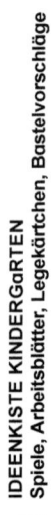

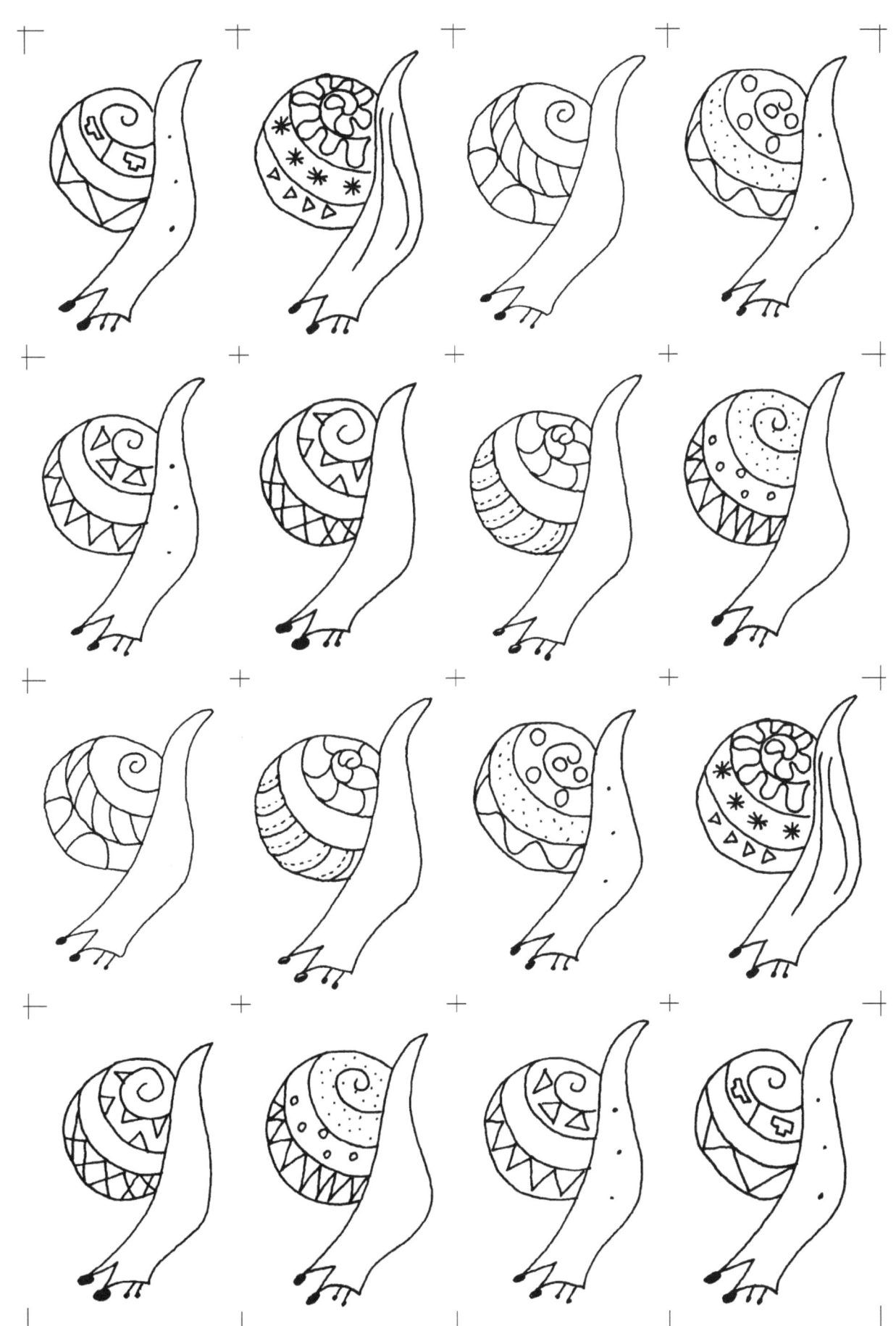

IDEENKISTE KINDERGaRTEN
KOHL VERLAG

Igel

. 11

. 9

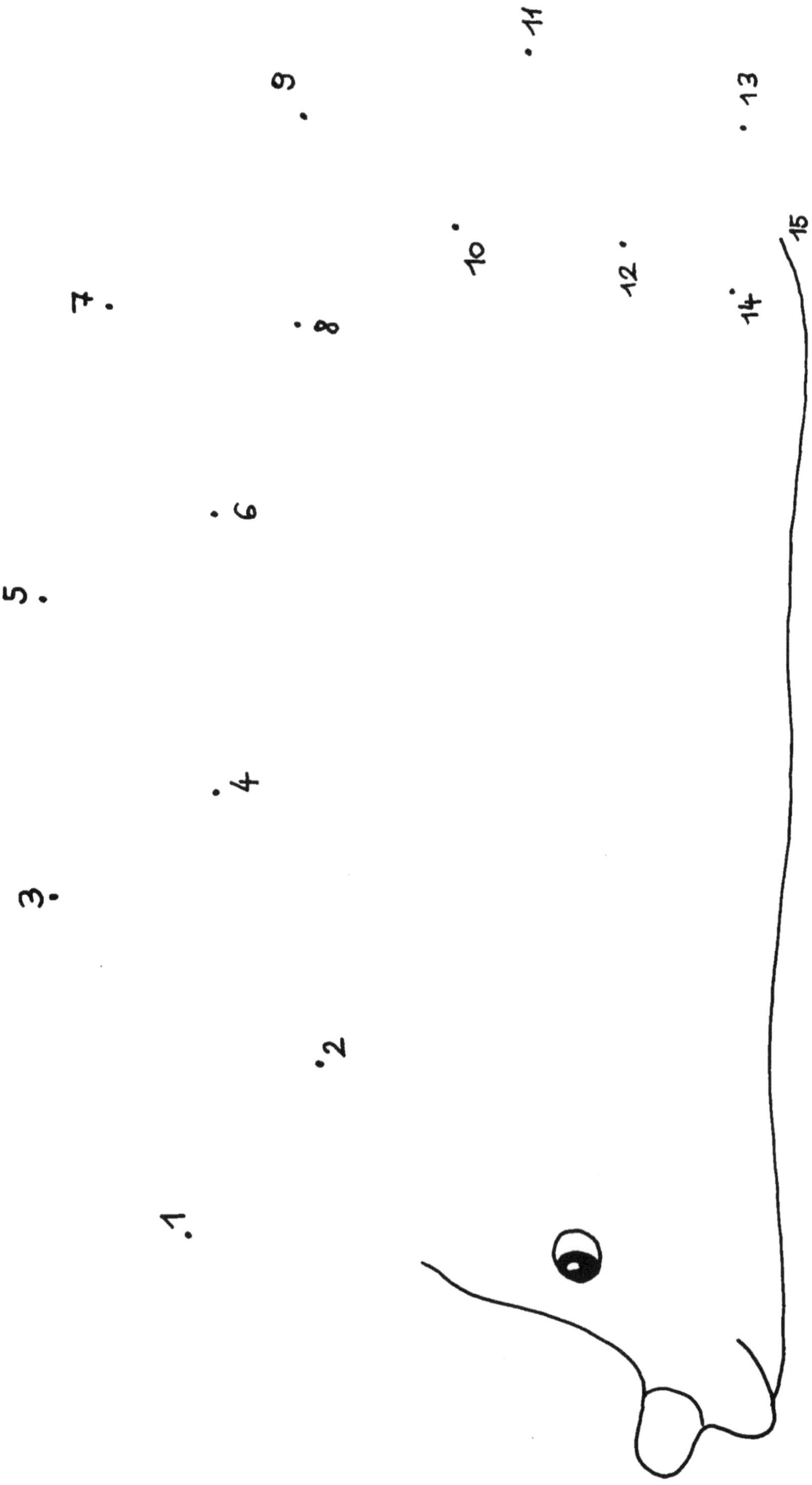

. 13

. 10

. 7

. 8

. 12

15

. 6

14 .

. 5

. 4

. 3

. 2

. 1

IDEENKISTE KINDERGaRTEN
Spiele, Arbeitsblätter, Legekörtchen, Bastelvorschläge – Bestell-Nr. 11 053

KOHL VERLAG

4 Fischmemory

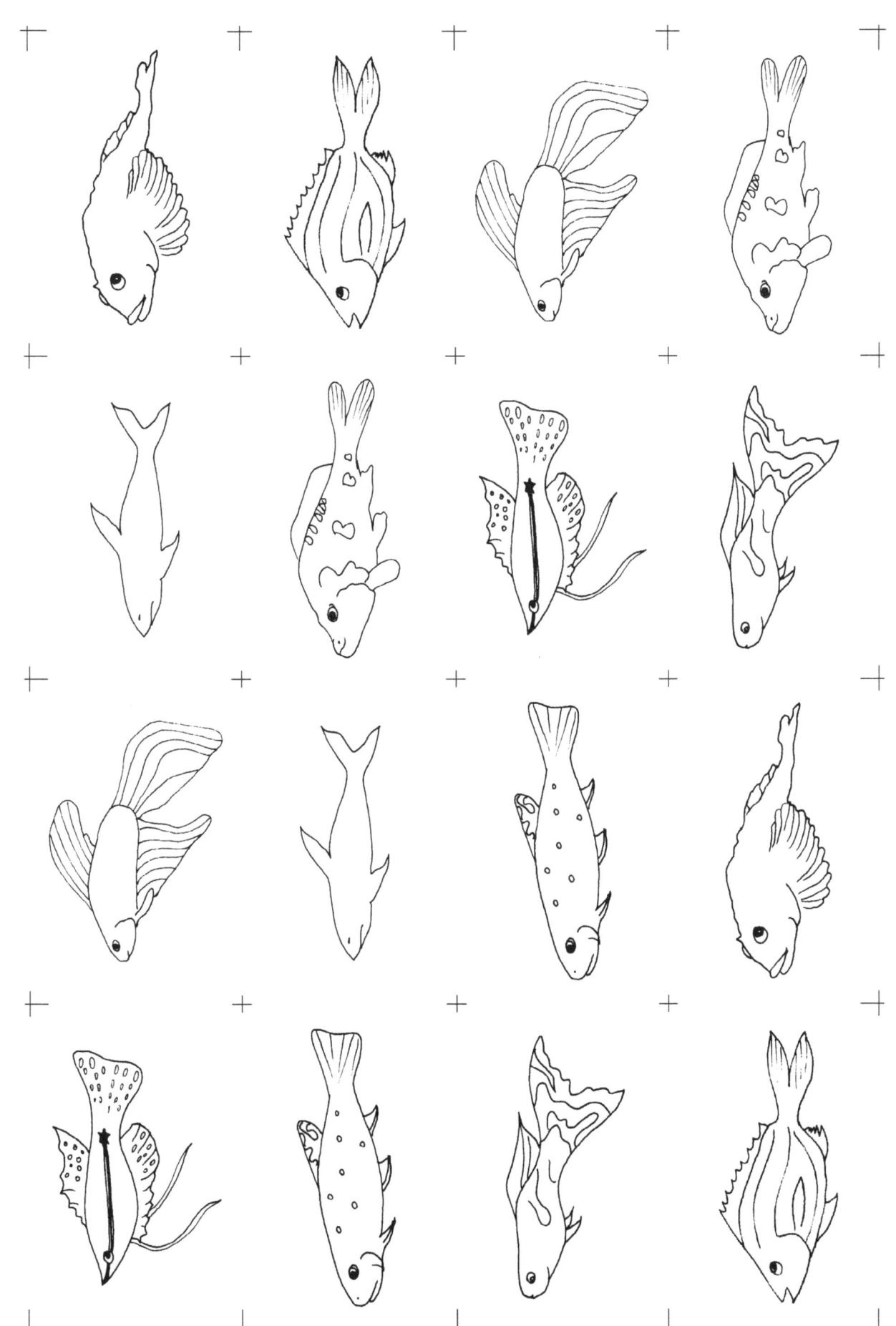

IDEENKISTE KINDERGaRTEN
KOHL VERLAG

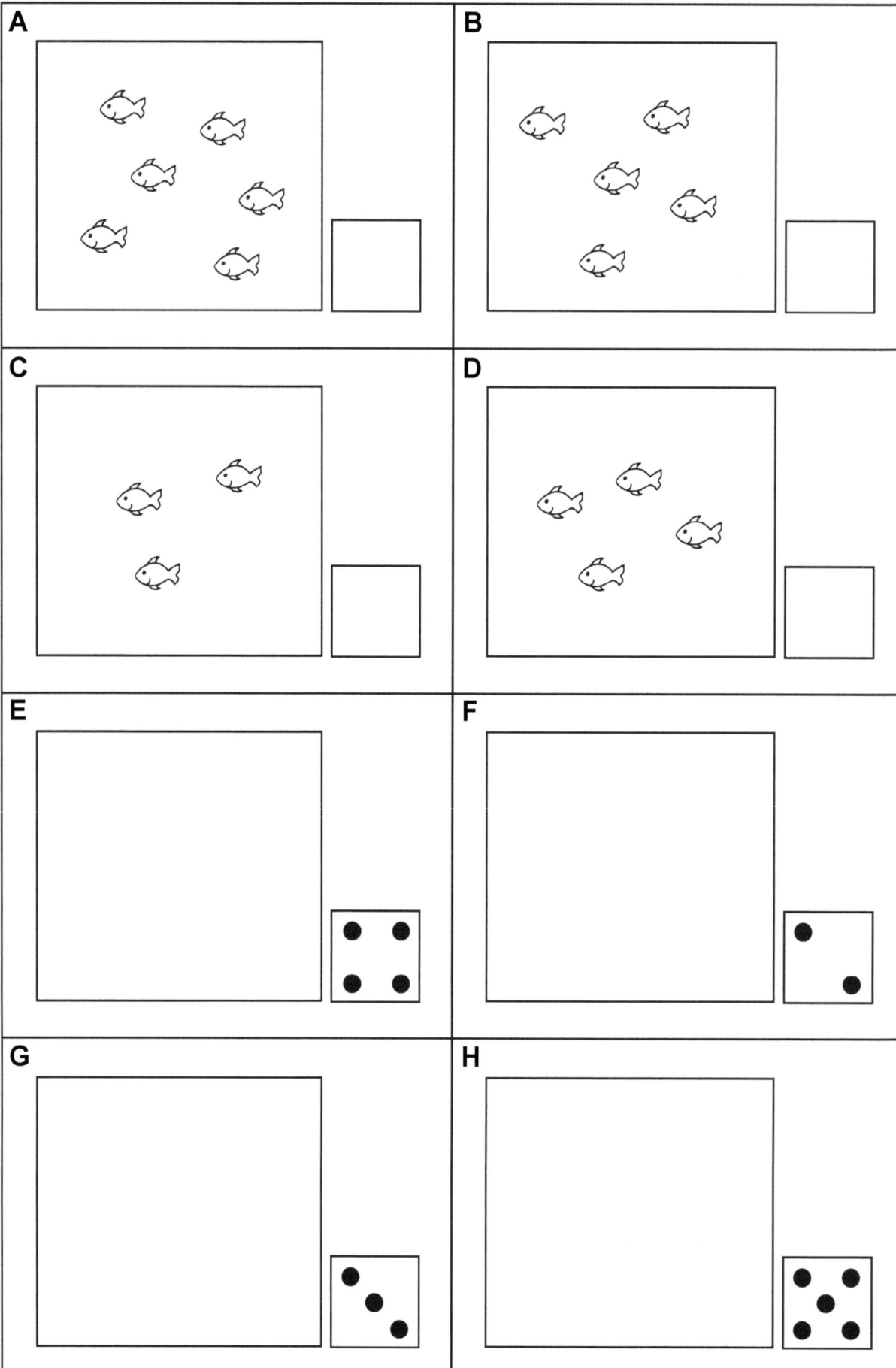

IDEENKISTE KINDERGaRTEN
Spiele, Arbeitsblätter, Legekärtchen, Bastelvorschläge – Bestell-Nr. 11 053

KOHL VERLAG

6 Drei Elemente – Luft, Wasser, Erde

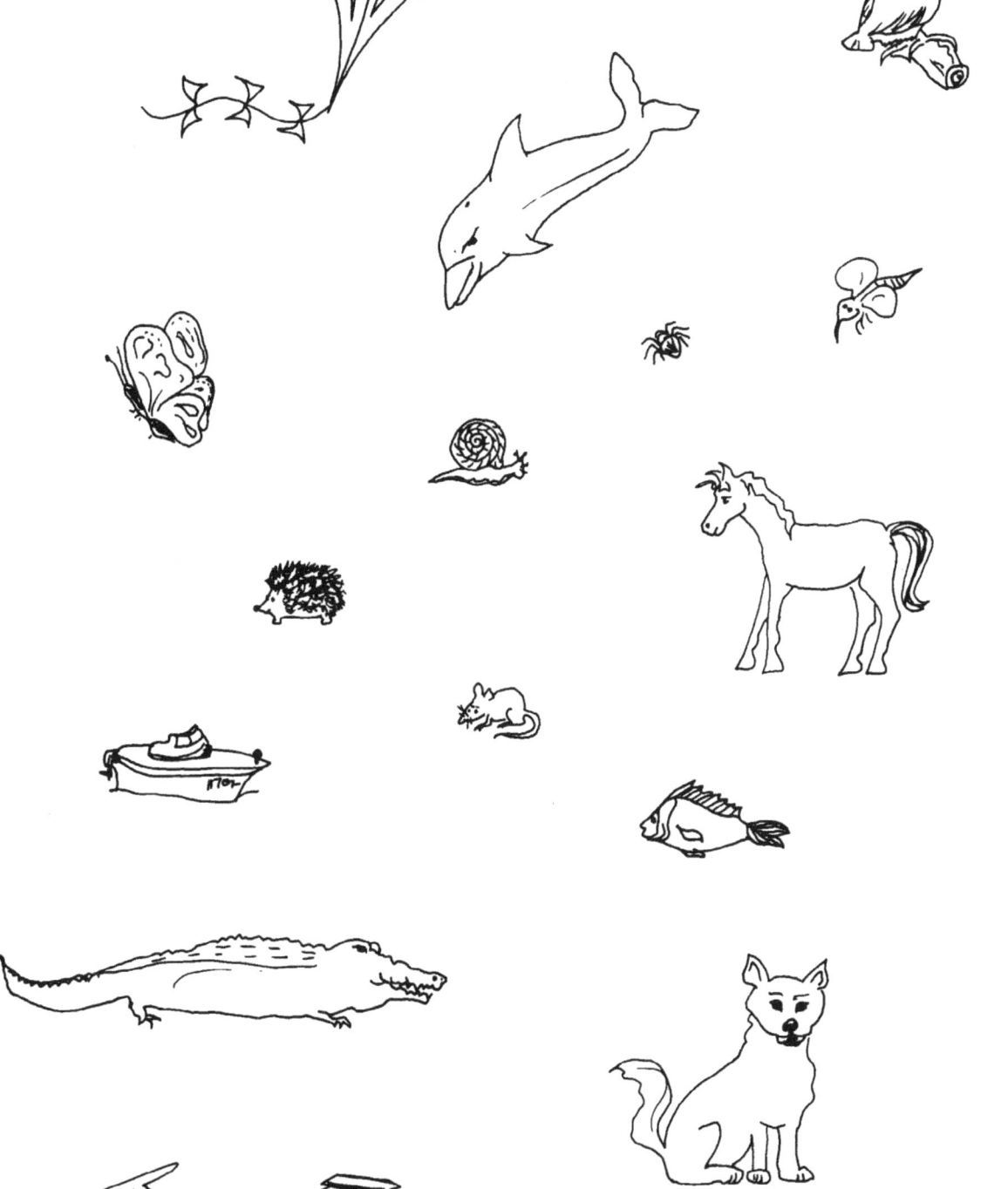

IDEENKISTE KINDERGaRTEN
KOHL VERLAG

7 **Rabe**

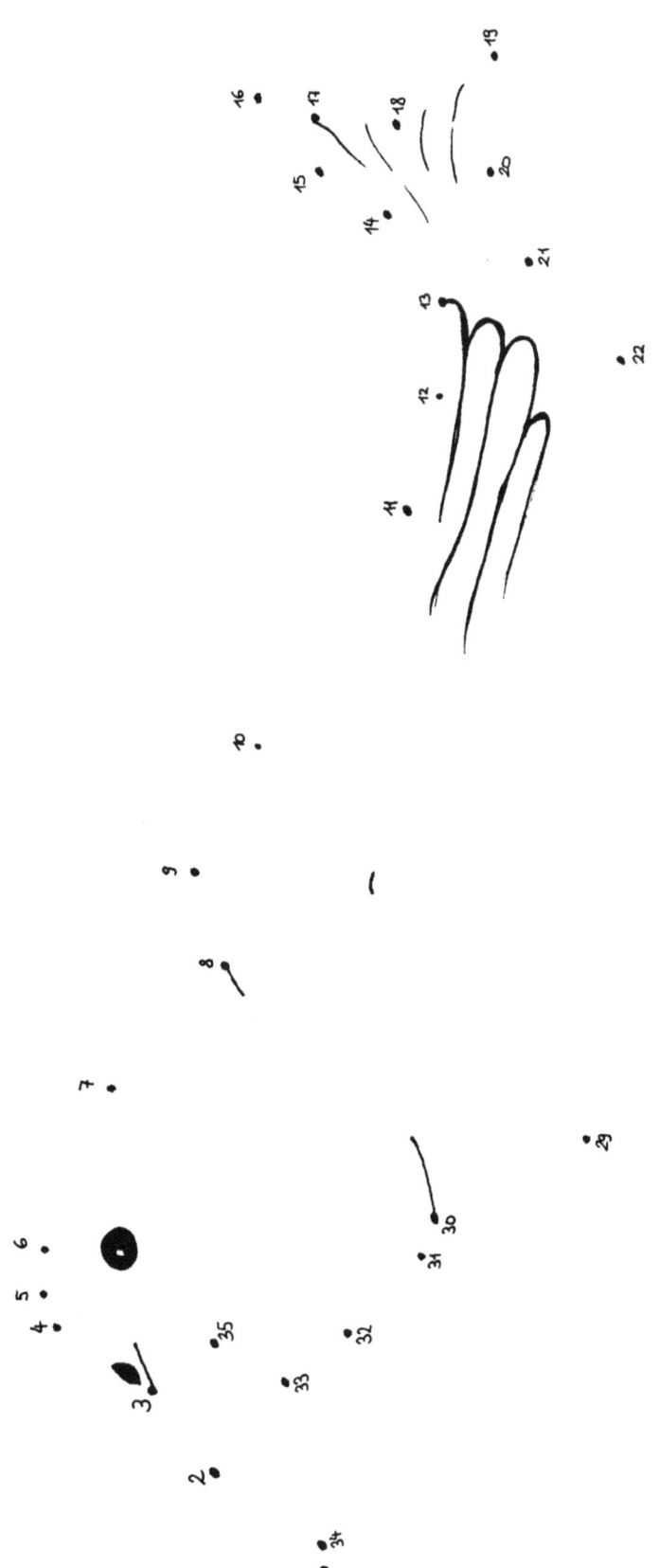
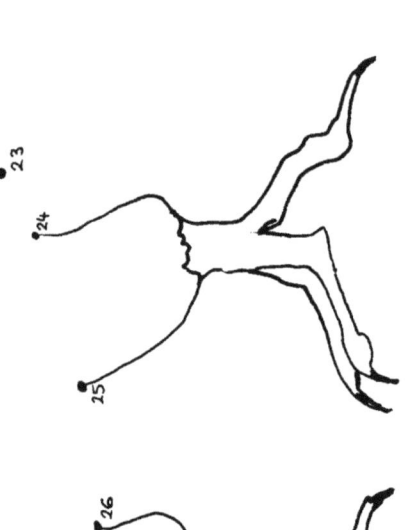
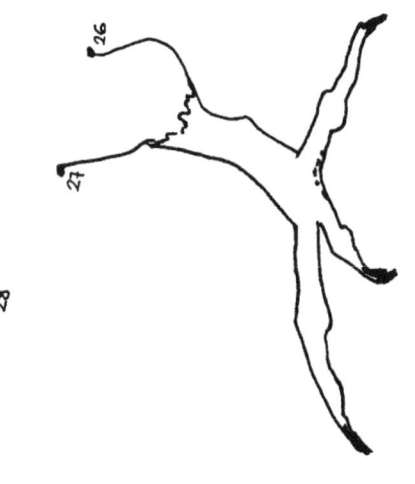

IDEENKISTE KINDERGaRTEN
Spiele, Arbeitsblätter, Legekärtchen, Bastelvorschläge – Bestell-Nr. 11 053

KOHL VERLAG

IDEENKISTE KINDERGaRTEN
KOHL VERLAG

8 Tabelle für Blumen

IDEENKISTE KINDERGaRTEN
Spiele, Arbeitsblätter, Legekärtchen, Bastelvorschläge – Bestell-Nr. 11 053

KOHL VERLAG

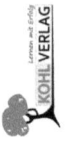

9 Gemüse

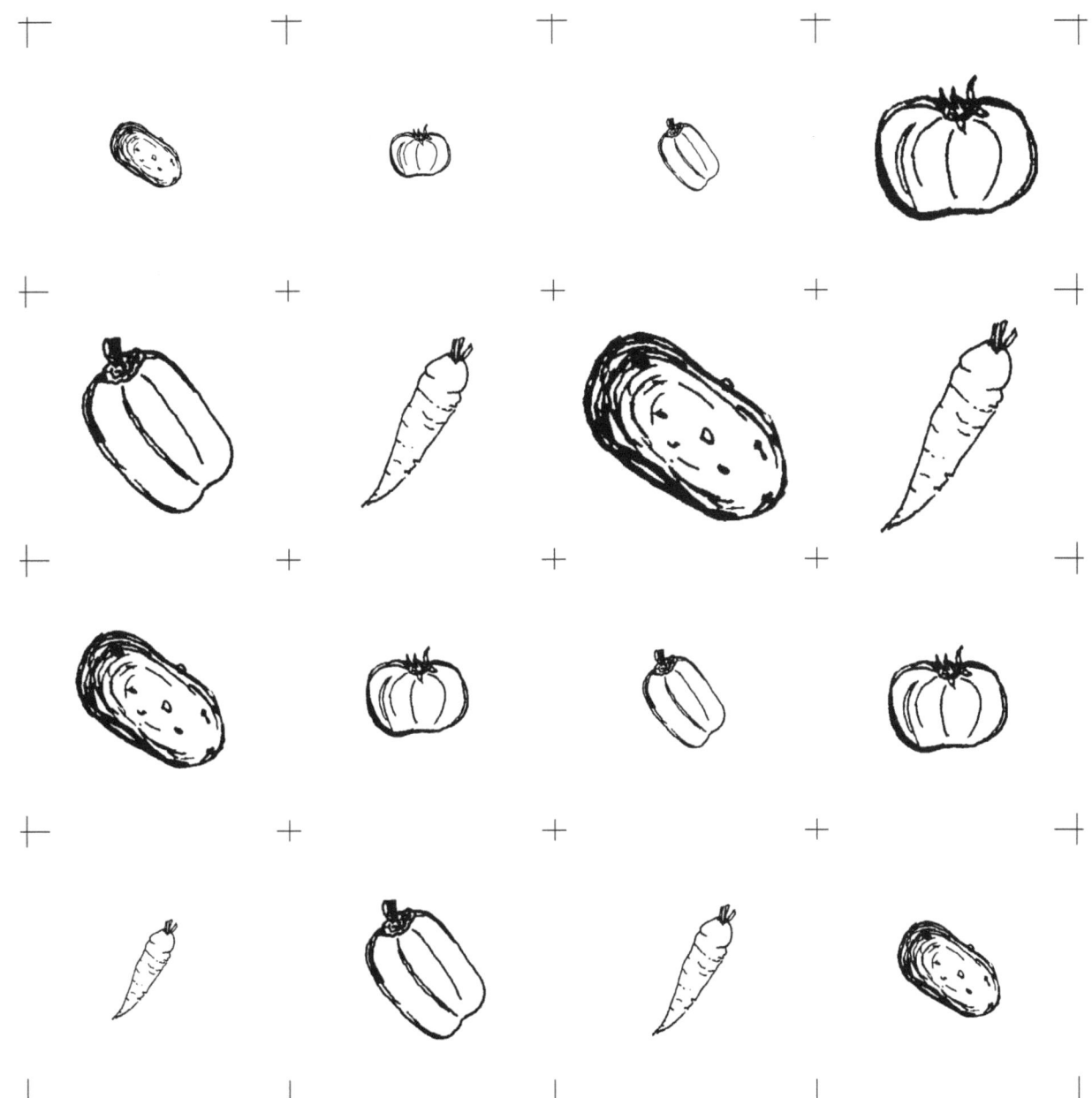

IDEENKISTE KINDERGaRTEN
KONV VERLAG

9   Tabelle für Gemüse

IDEENKISTE KINDERGARTEN
Spiele, Arbeitsblätter, Legekärtchen, Bastelvorschläge – Bestell-Nr. 11 053
KOHL VERLAG

10 Bienenflug

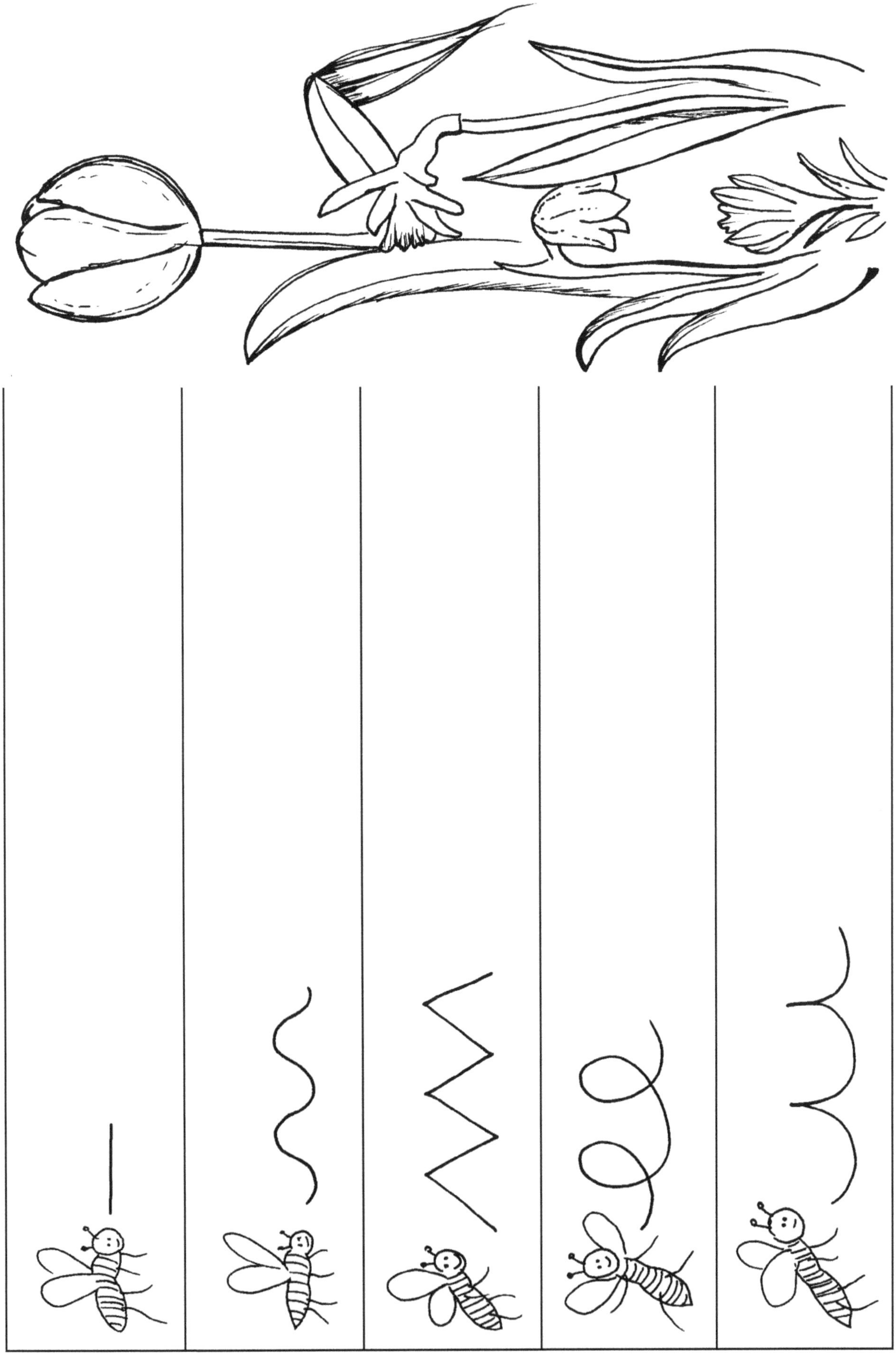

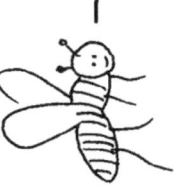

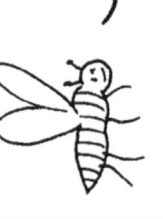

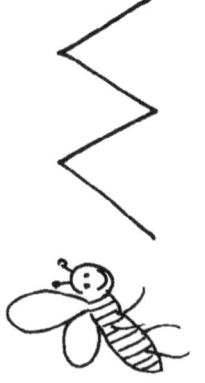

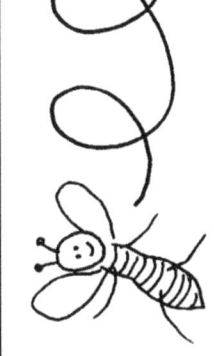

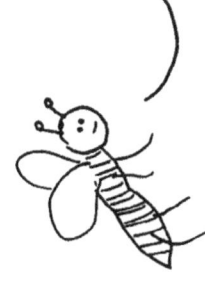

IDEENKISTE KINDERGaRTEN

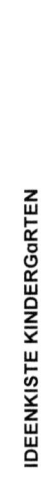

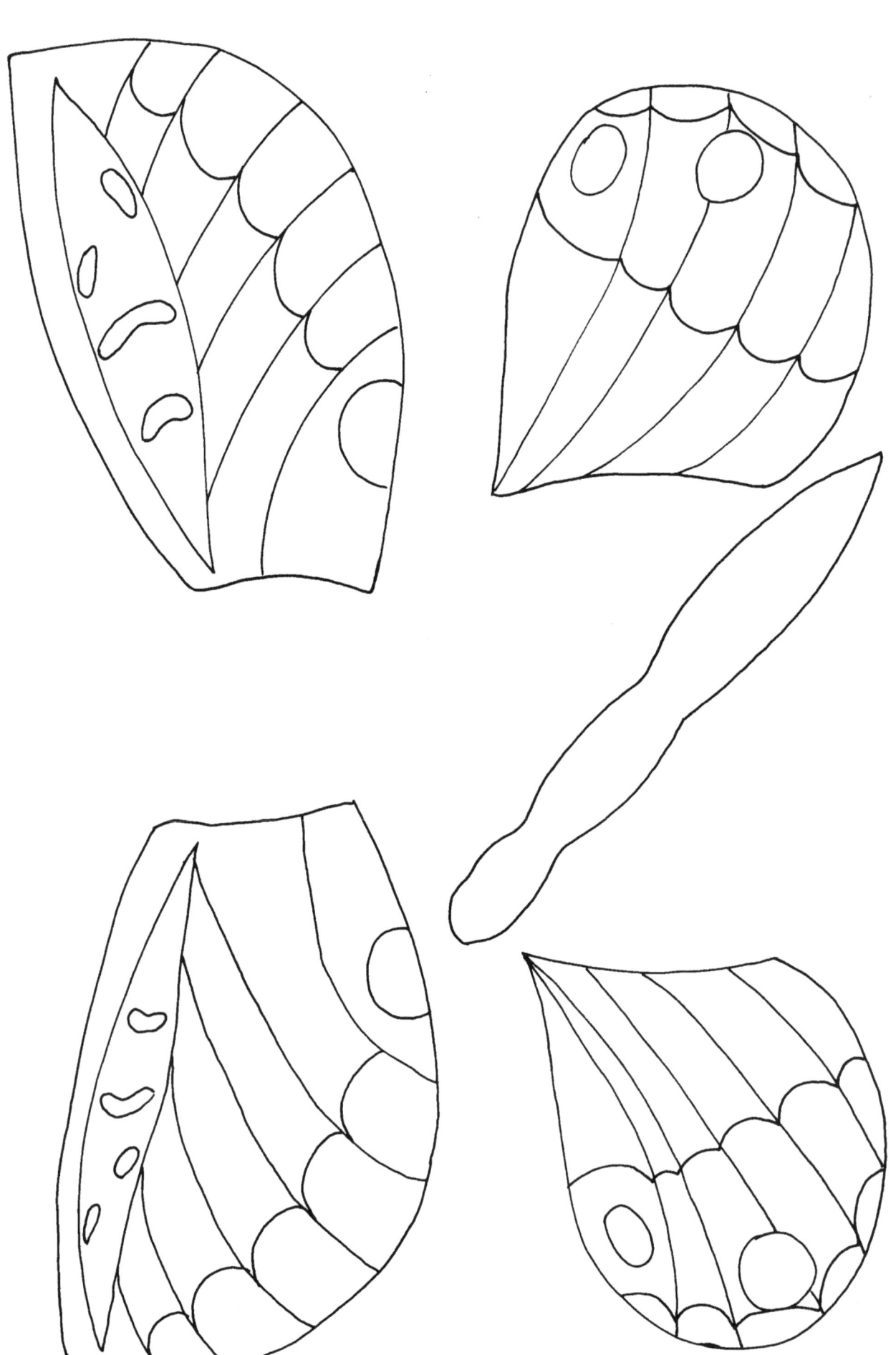

IDEENKISTE KINDERGaRTEN
Spiele, Arbeitsblätter, Legekärtchen, Bastelvorschläge – Bestell-Nr. 11 053
KOHL VERLAG

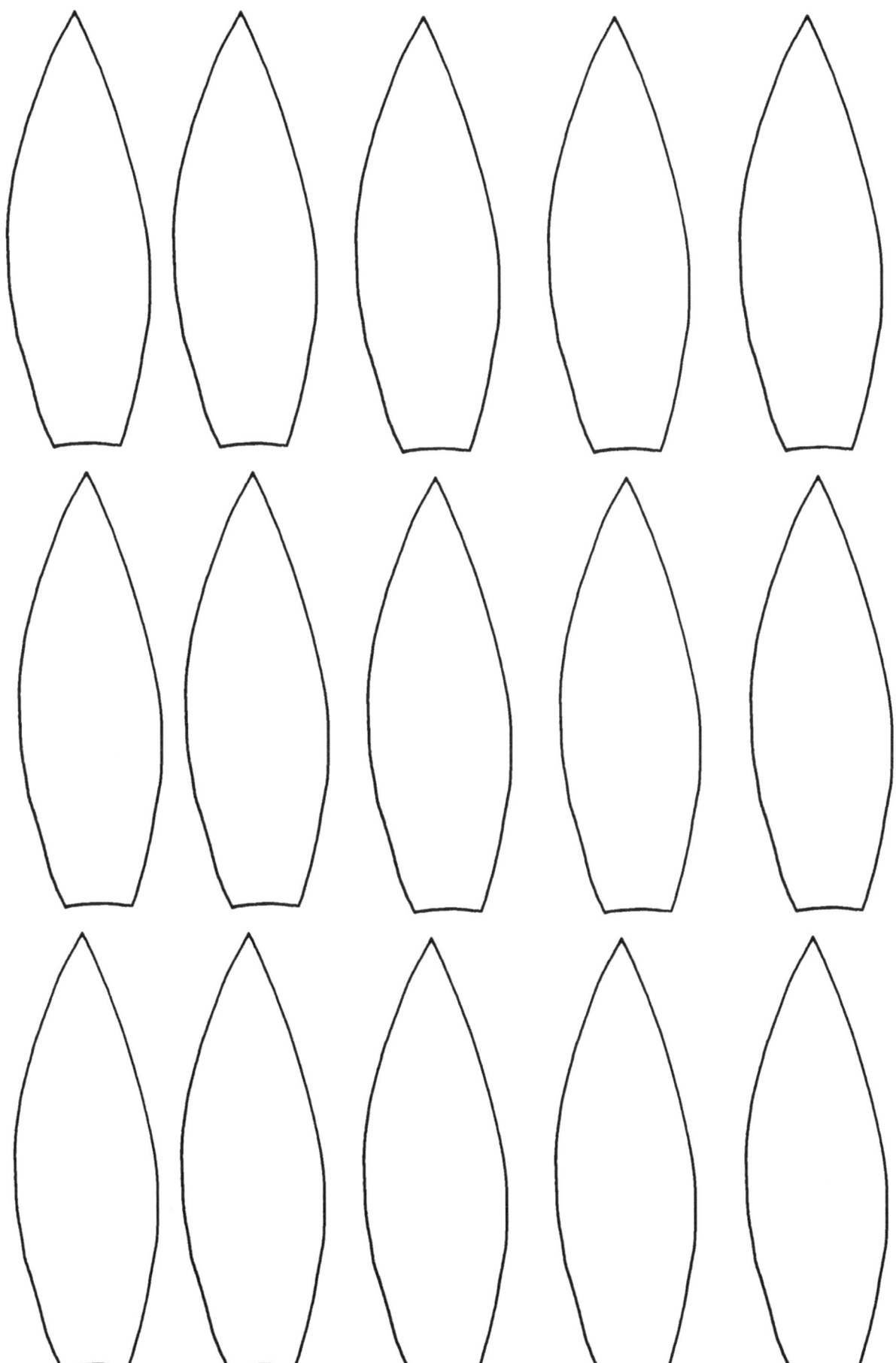

IDEENKISTE KINDERGaRTEN

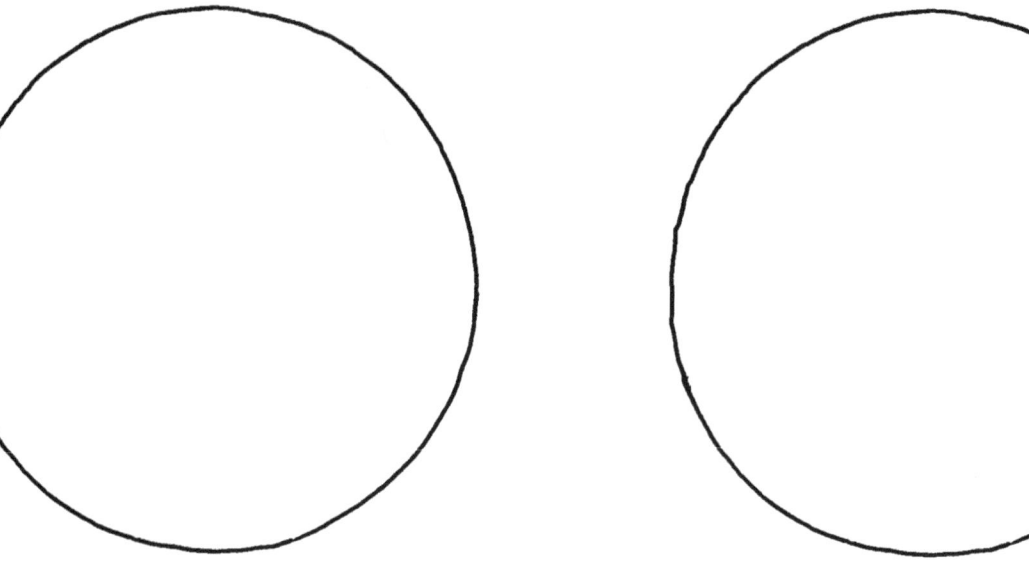

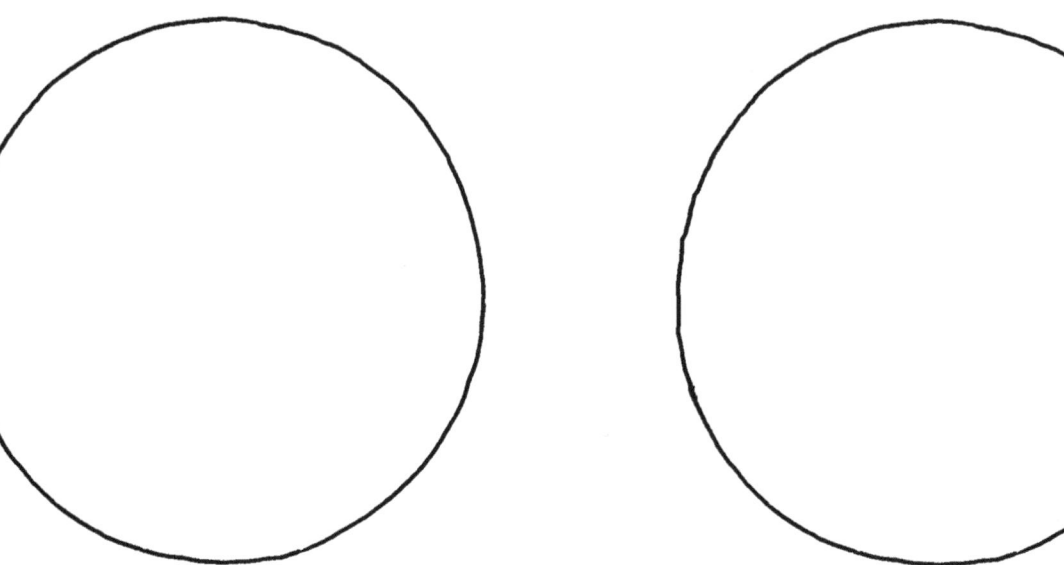

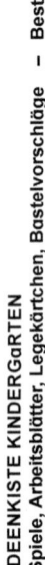

IDEENKISTE KINDERGaRTEN
Spiele, Arbeitsblätter, Legekärtchen, Bastelvorschläge – Bestell-Nr. 11 053

KOHL VERLAG

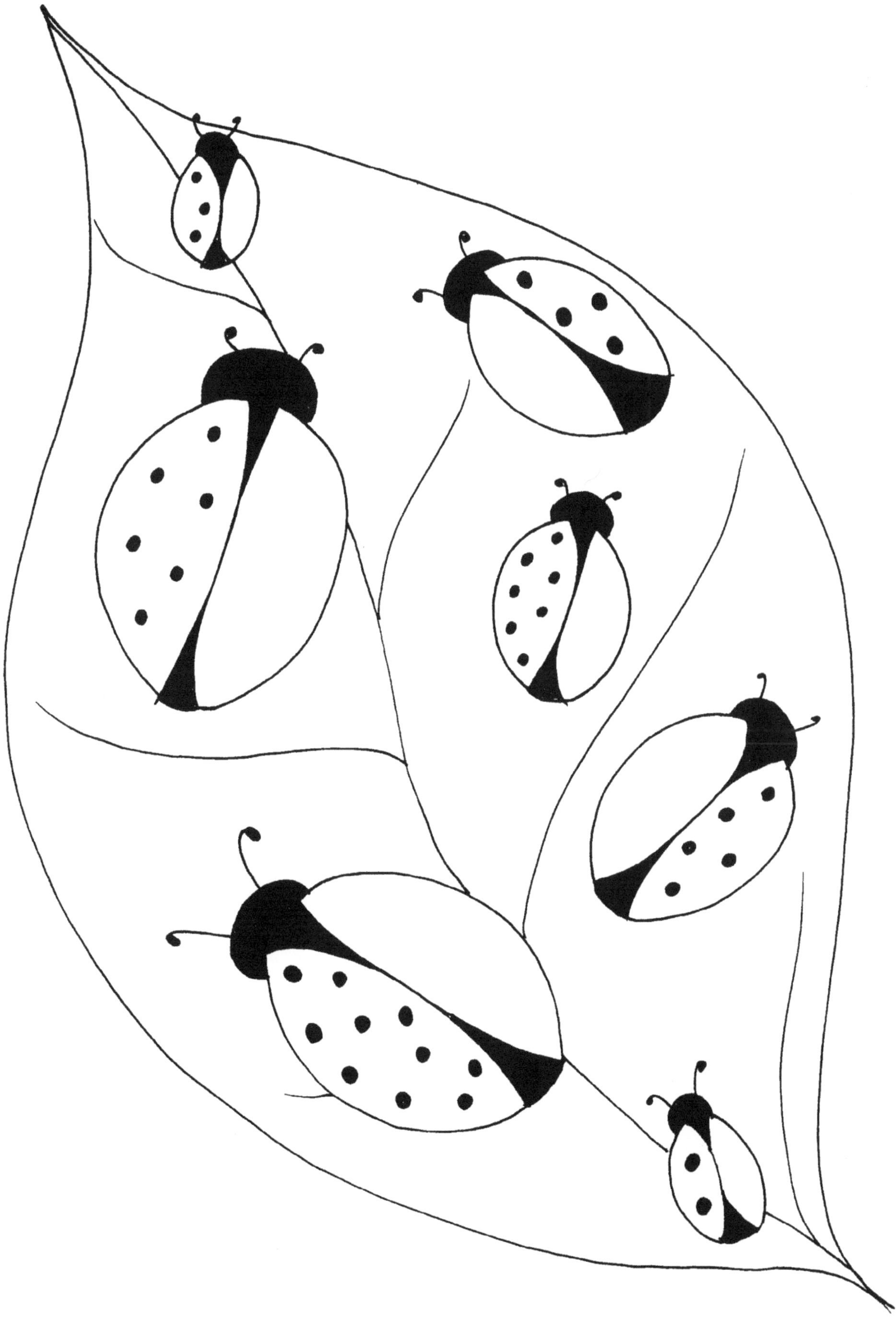

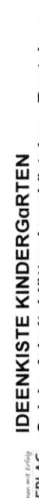

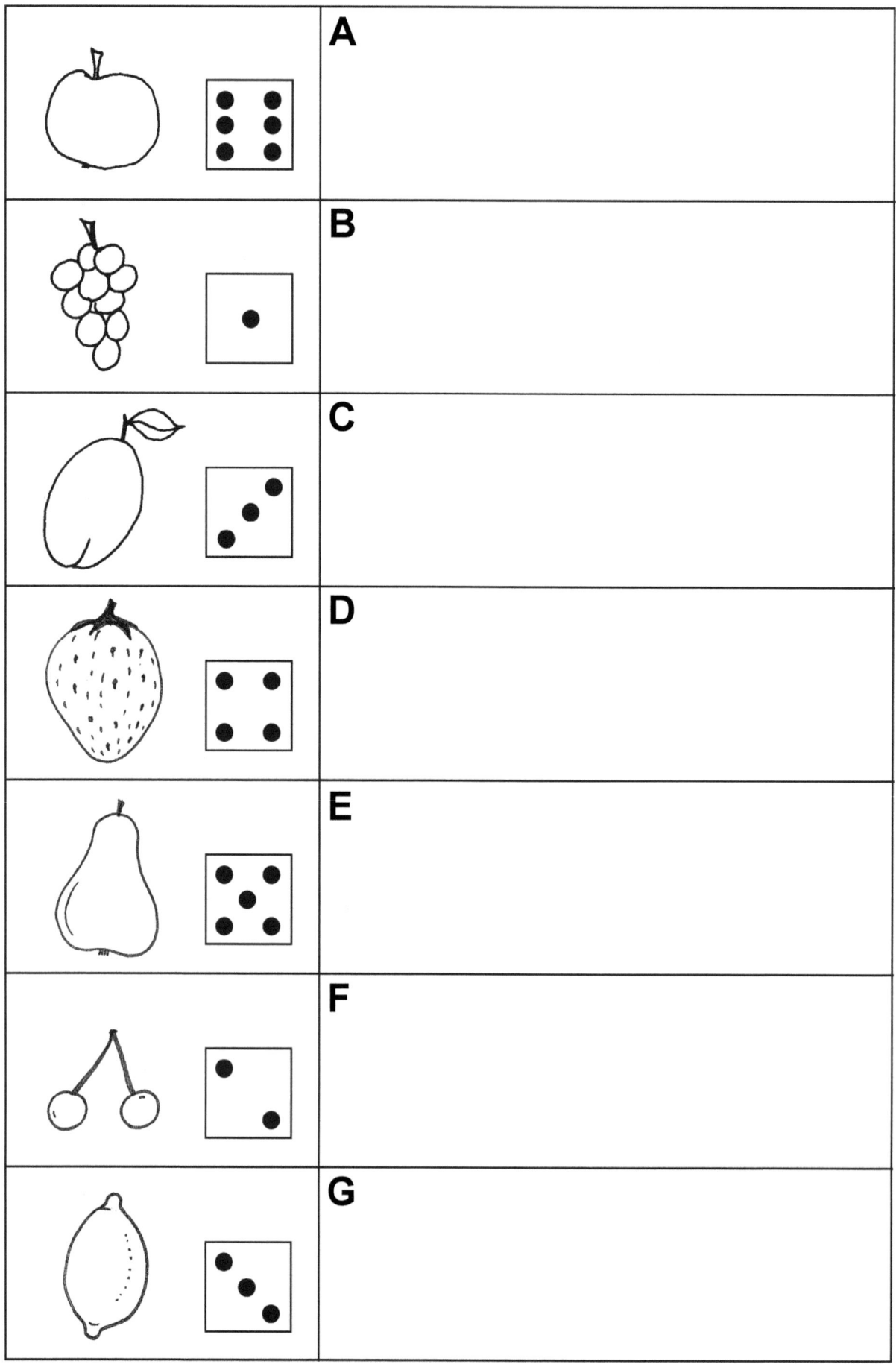

IDEENKISTE KINDERGaRTEN
Spiele, Arbeitsblätter, Legekärtchen, Bastelvorschläge – Bestell-Nr. 11 053

KOHL VERLAG

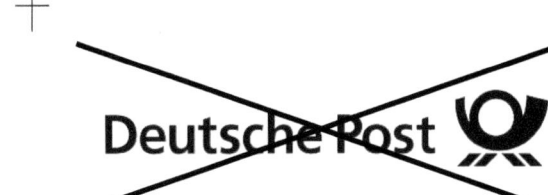

Deutsche Post

Deutsche Post ~~(durchgestrichen)~~

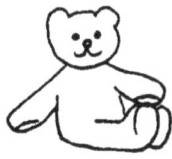
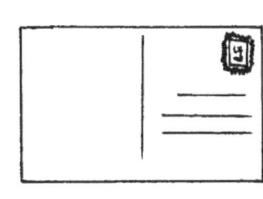

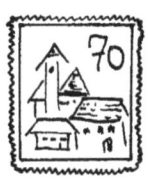

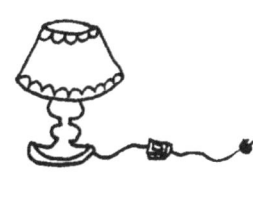
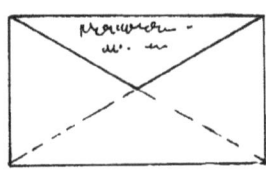

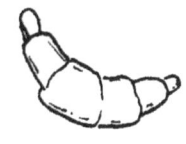
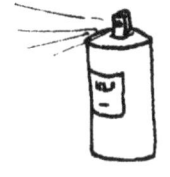

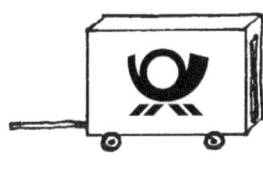
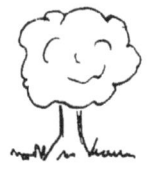
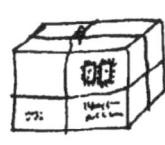
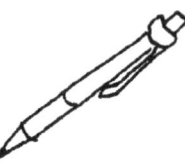
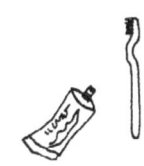
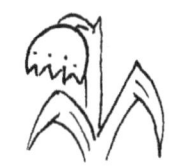
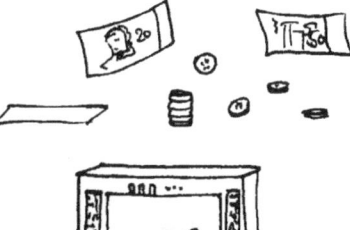
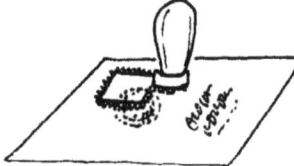

IDEENKISTE KINDERGaRTEN
Lernen mit Erfolg
KOHL VERLAG

IDEENKISTE KINDERGaRTEN
Spiele, Arbeitsblätter, Legekärtchen, Bastelvorschläge – Bestell-Nr. 11 053

KOHL VERLAG

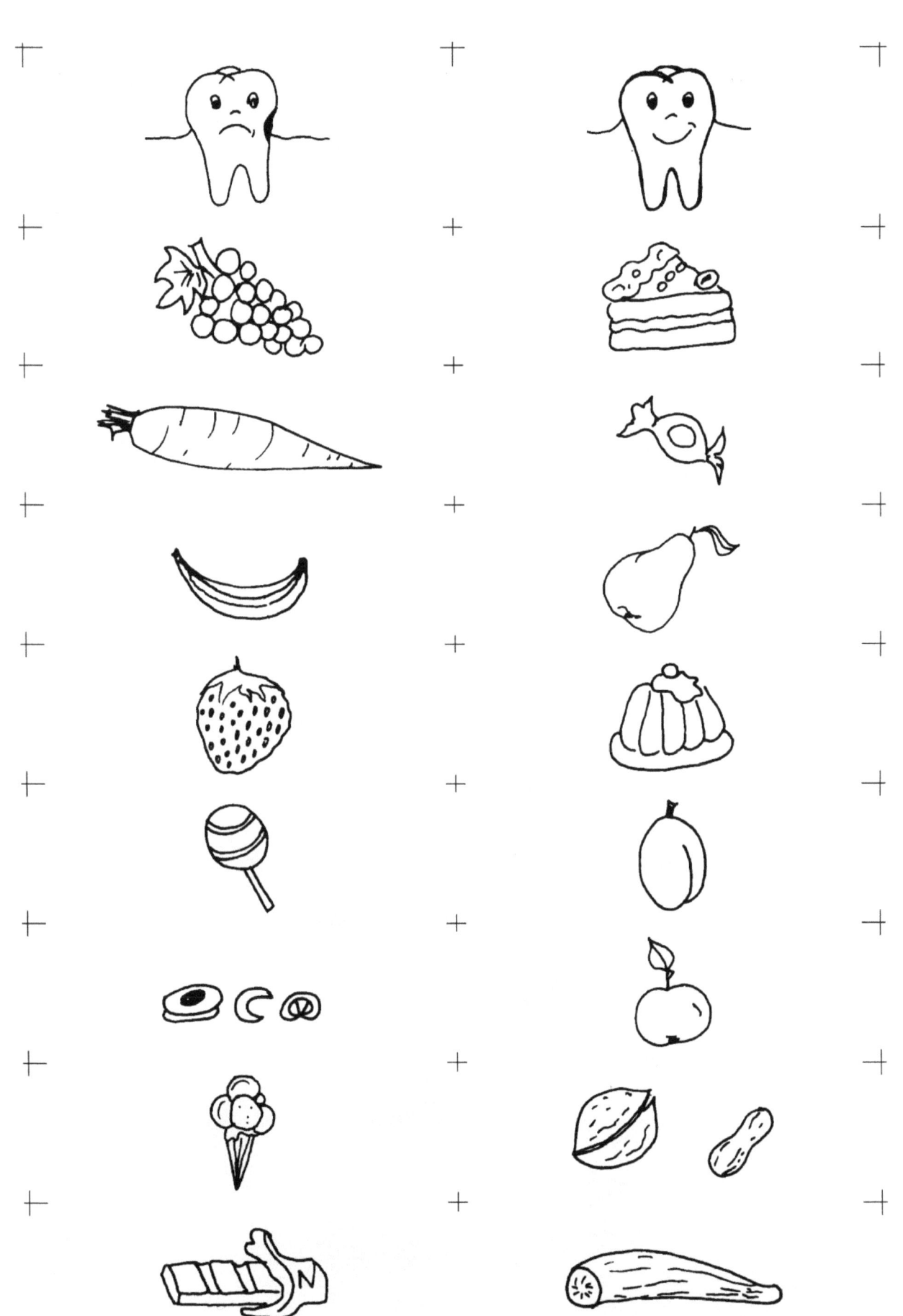

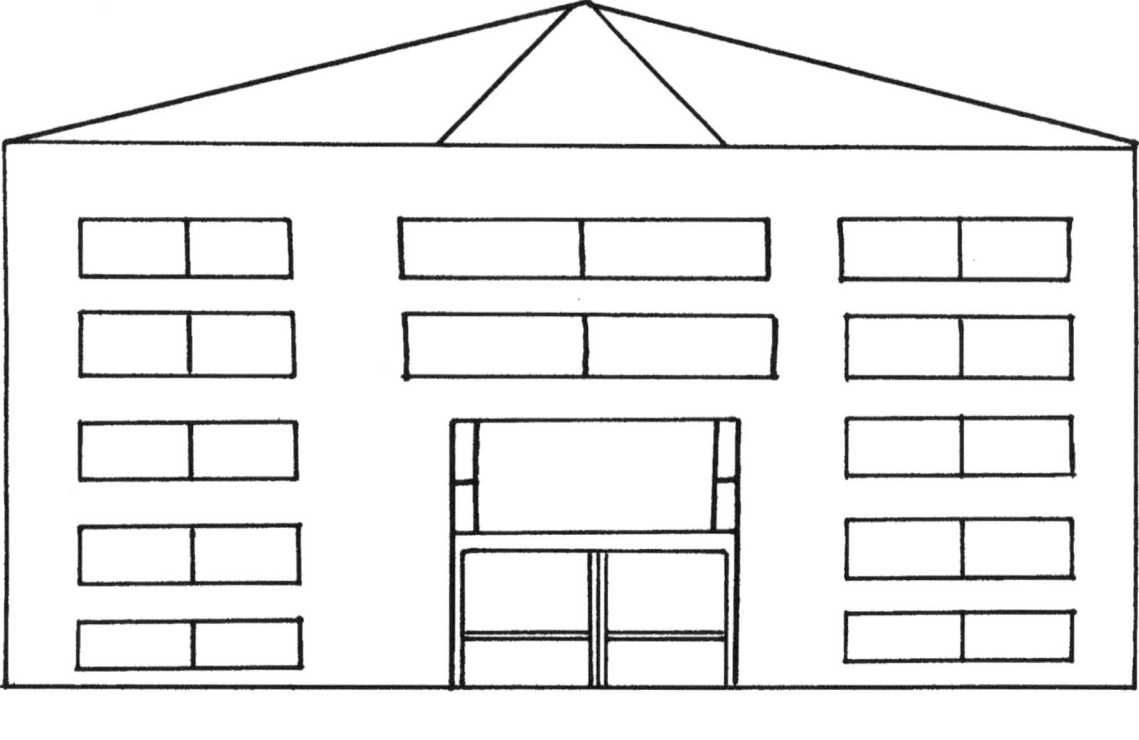

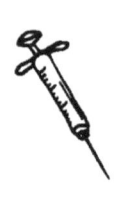

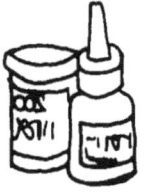

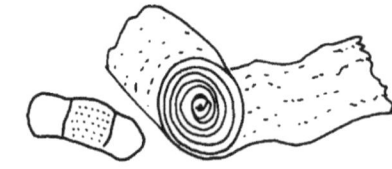

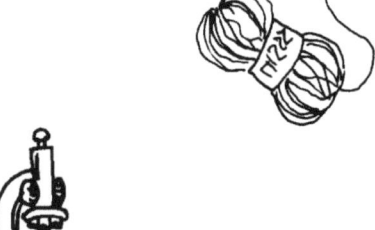

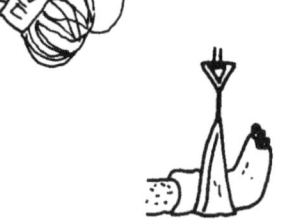

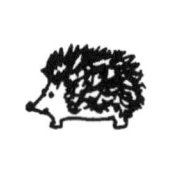

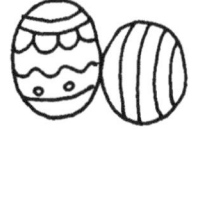

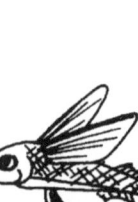

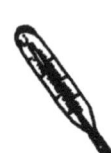

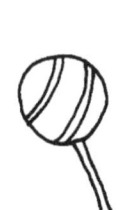

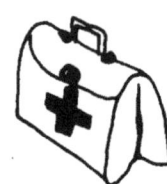

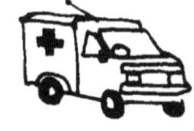

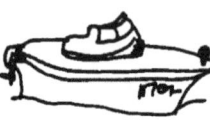

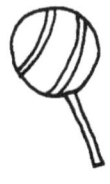

IDEENKISTE KINDERGaRTEN
Spiele, Arbeitsblätter, Legekärtchen, Bastelvorschläge – Bestell-Nr. 11 053

KOHLVERLAG

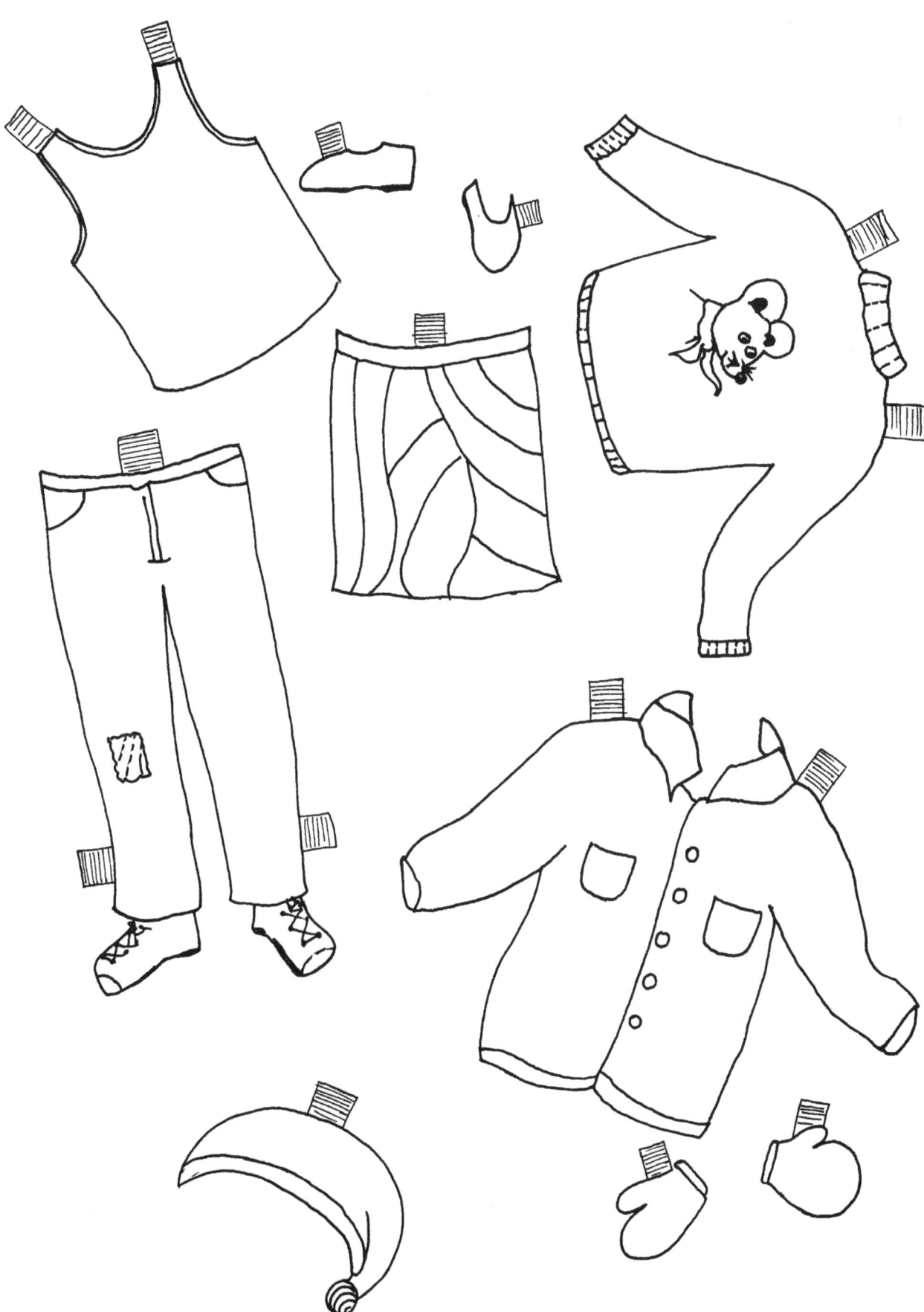

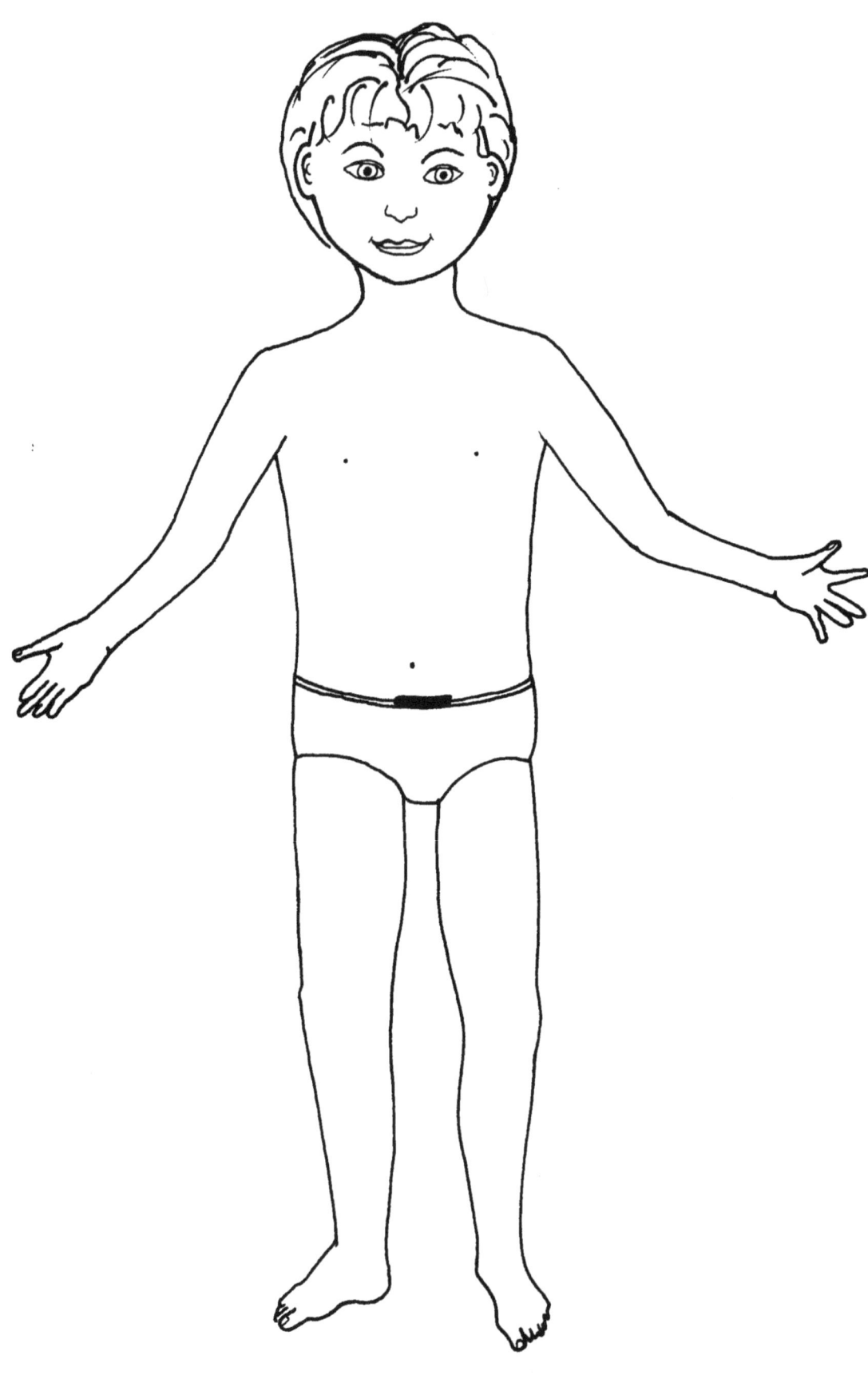

IDEENKISTE KINDERGaRTEN
Spiele, Arbeitsblätter, Legekärtchen, Bastelvorschläge — Bestell-Nr. 11 053

KOHL VERLAG

19 Krone

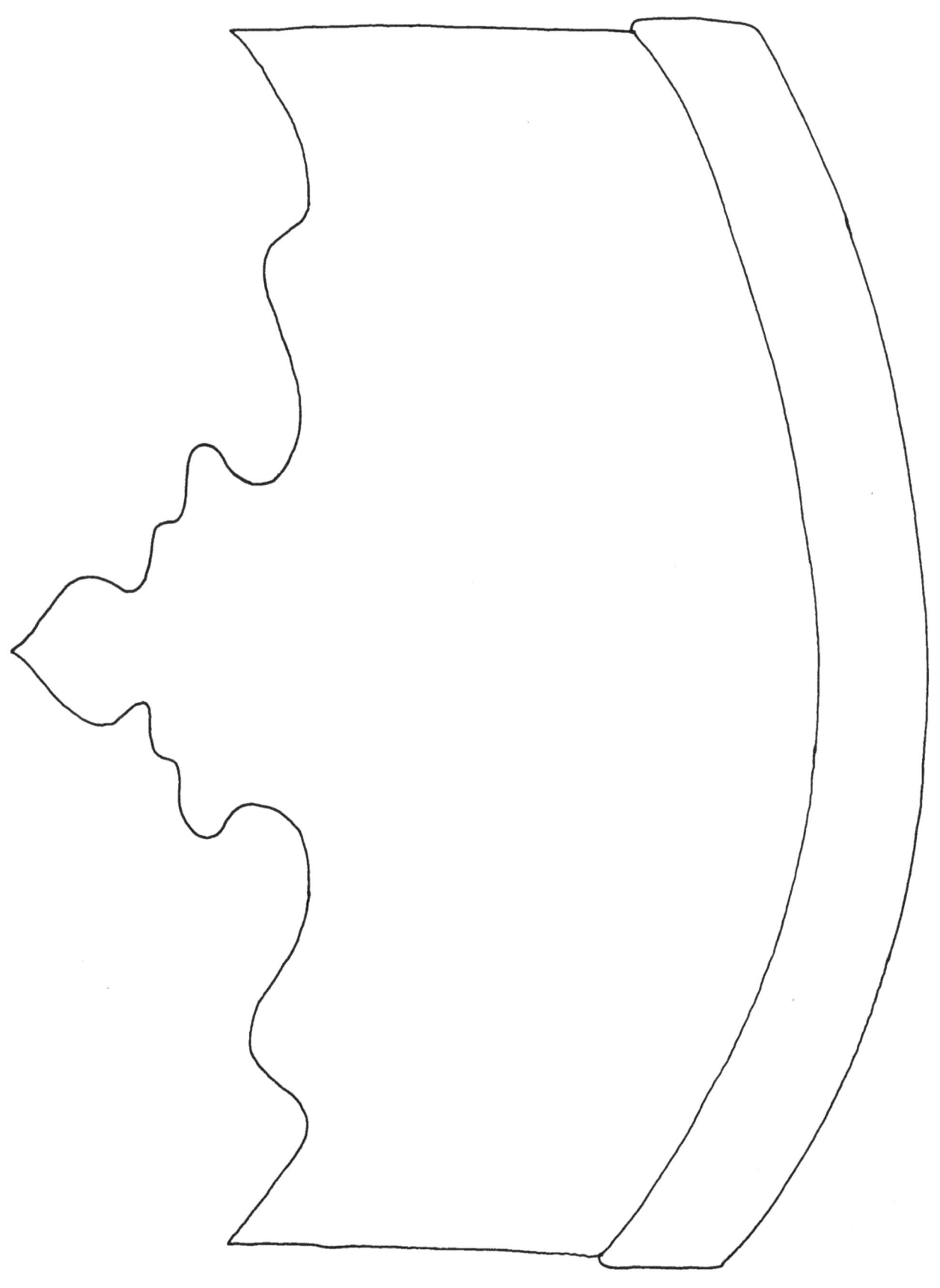

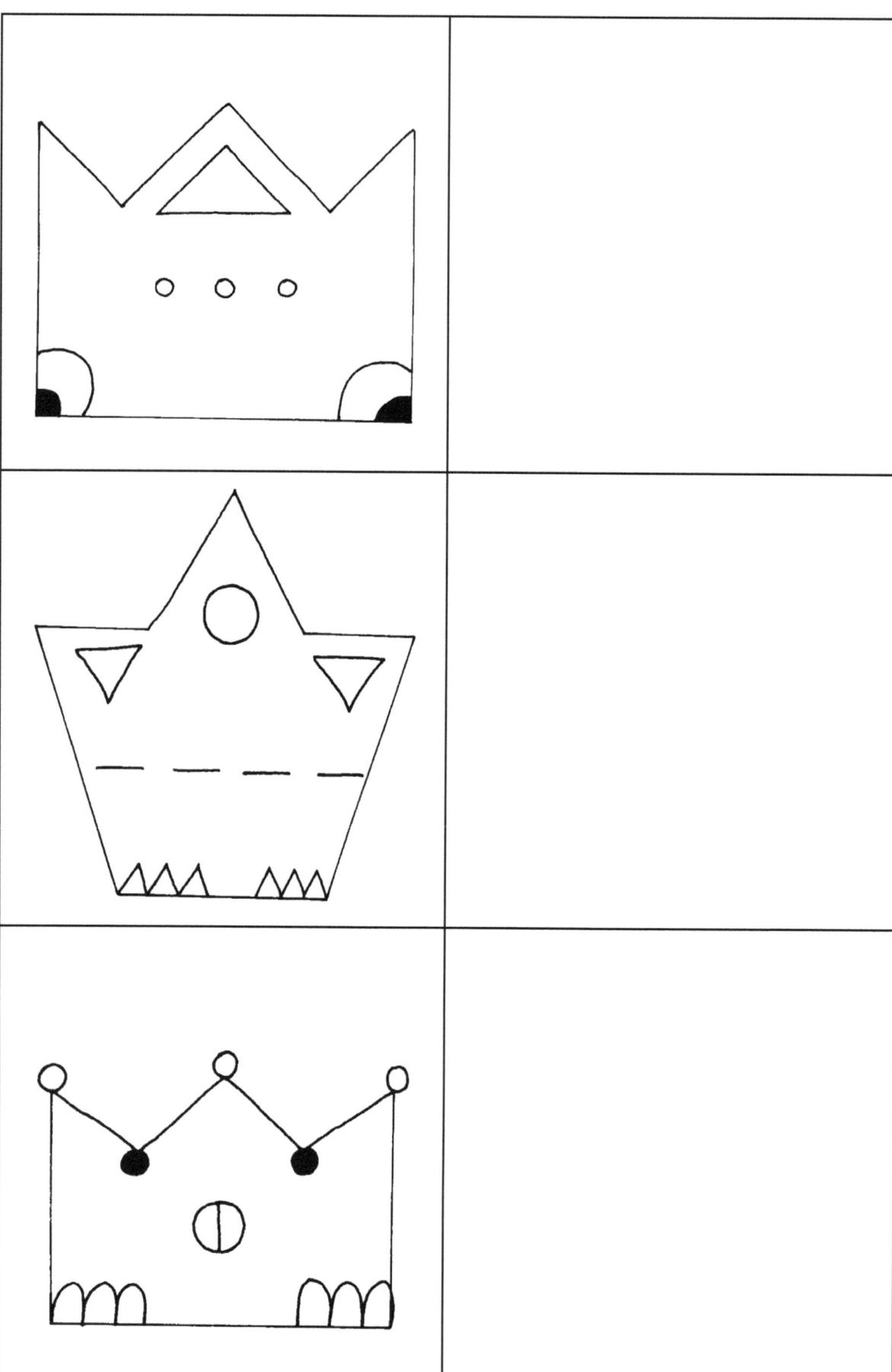

IDEENKISTE KINDERGaRTEN
Spiele, Arbeitsblätter, Legekärtchen, Bastelvorschläge – Bestell-Nr. 11 053

KOHL VERLAG

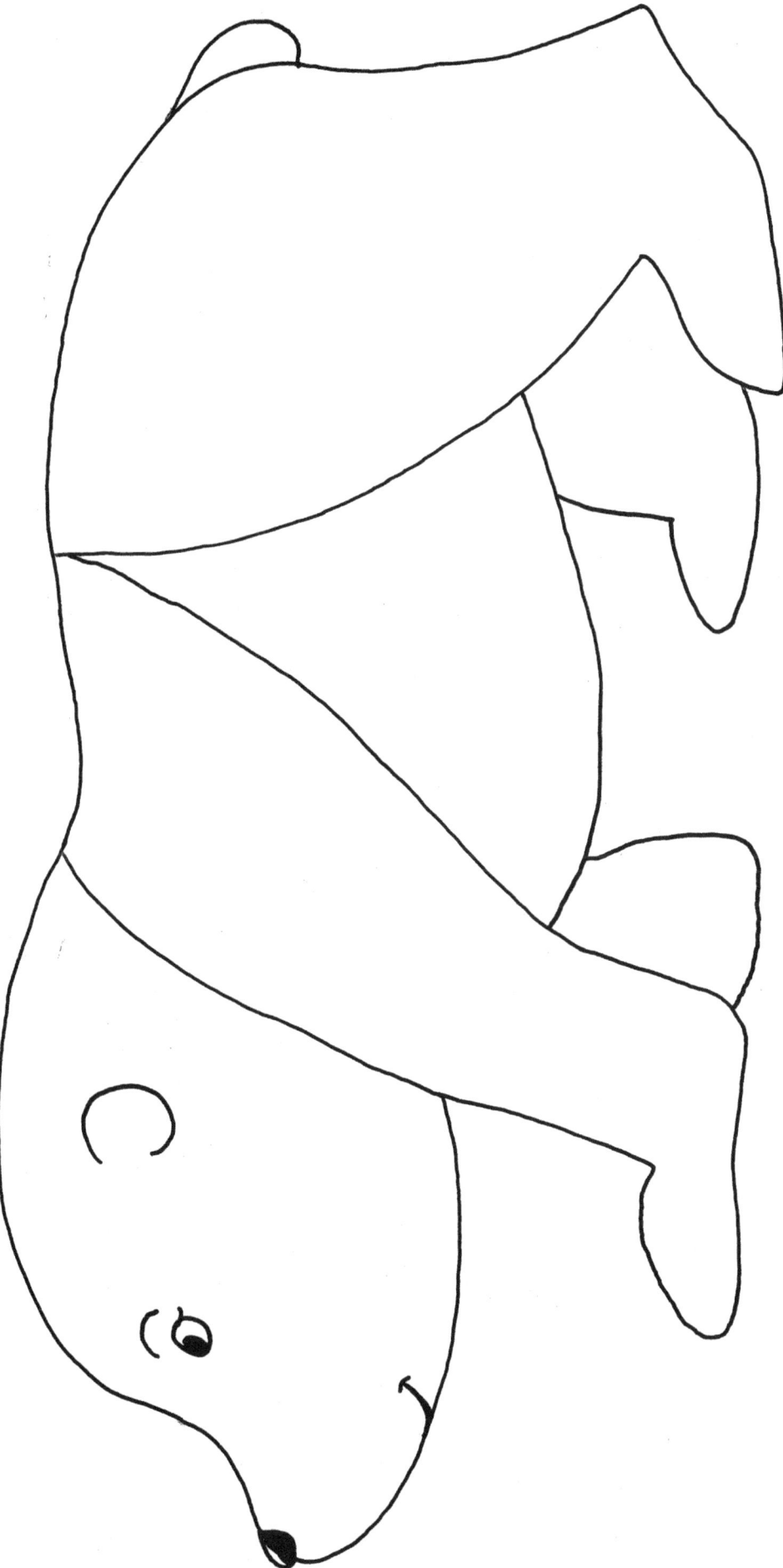

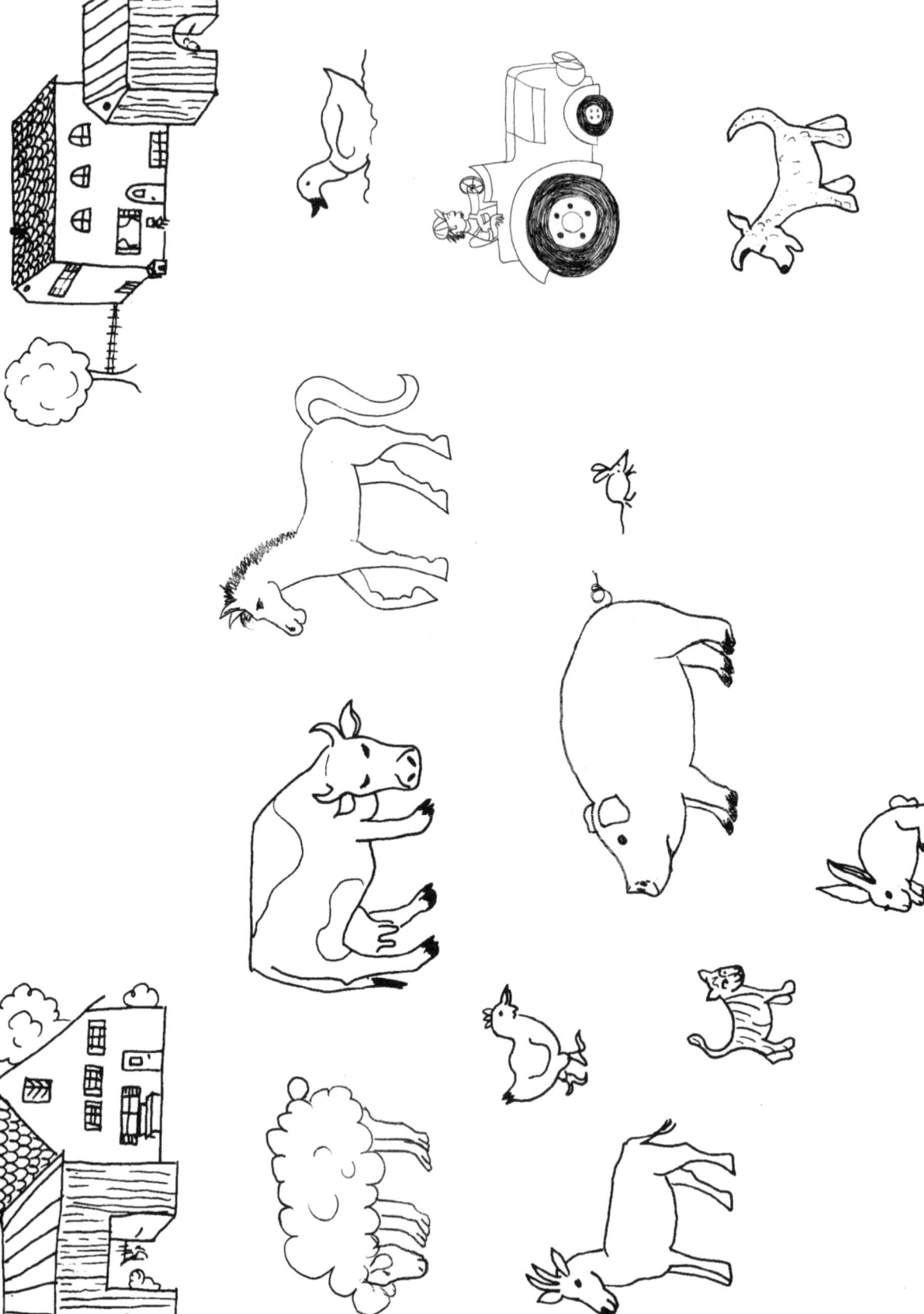

IDEENKISTE KINDERGaRTEN
Spiele, Arbeitsblätter, Legekärtchen, Bastelvorschläge – Bestell-Nr. 11 053

KOHL VERLAG

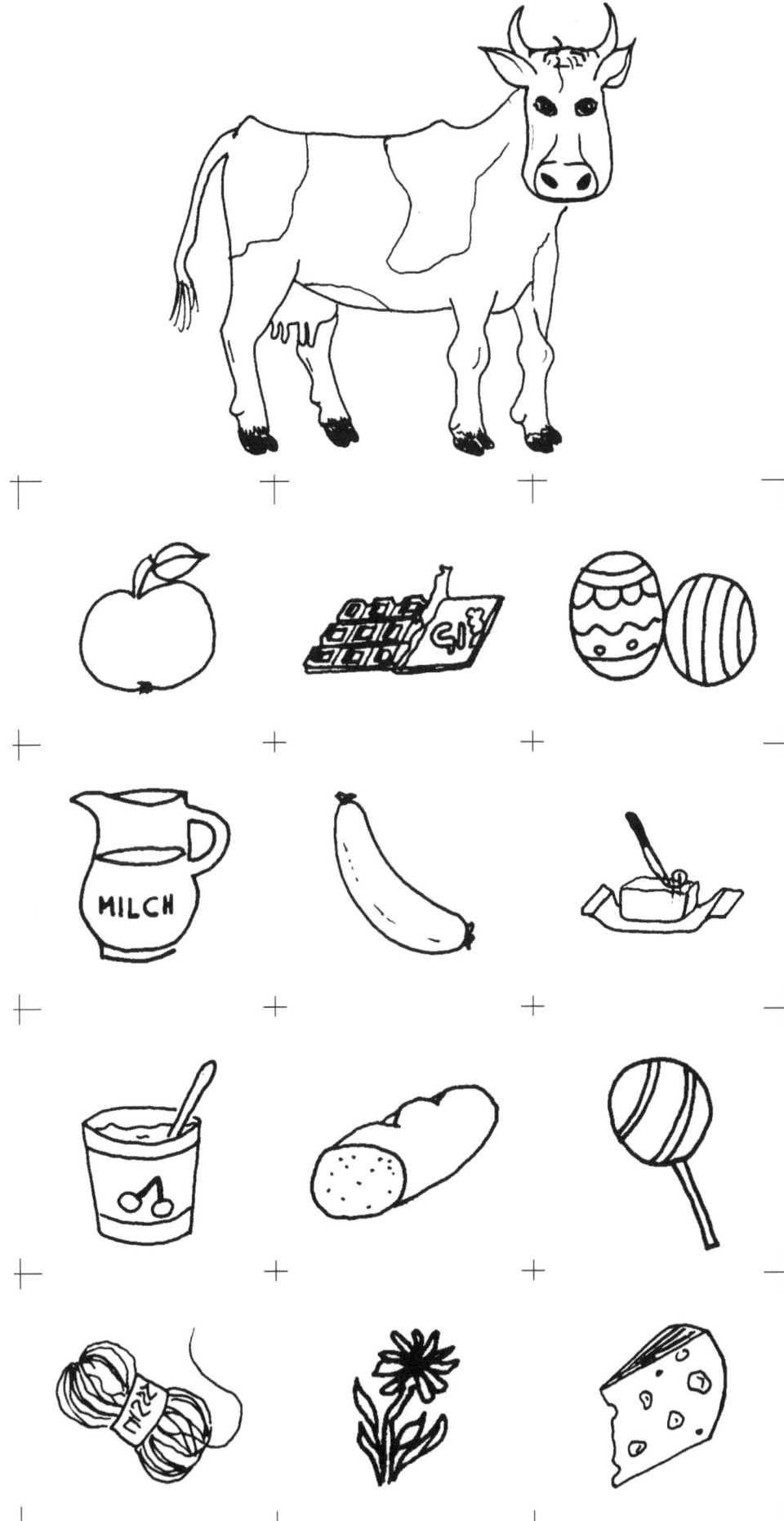

MILCH

IDEENKISTE KINDERGARTEN

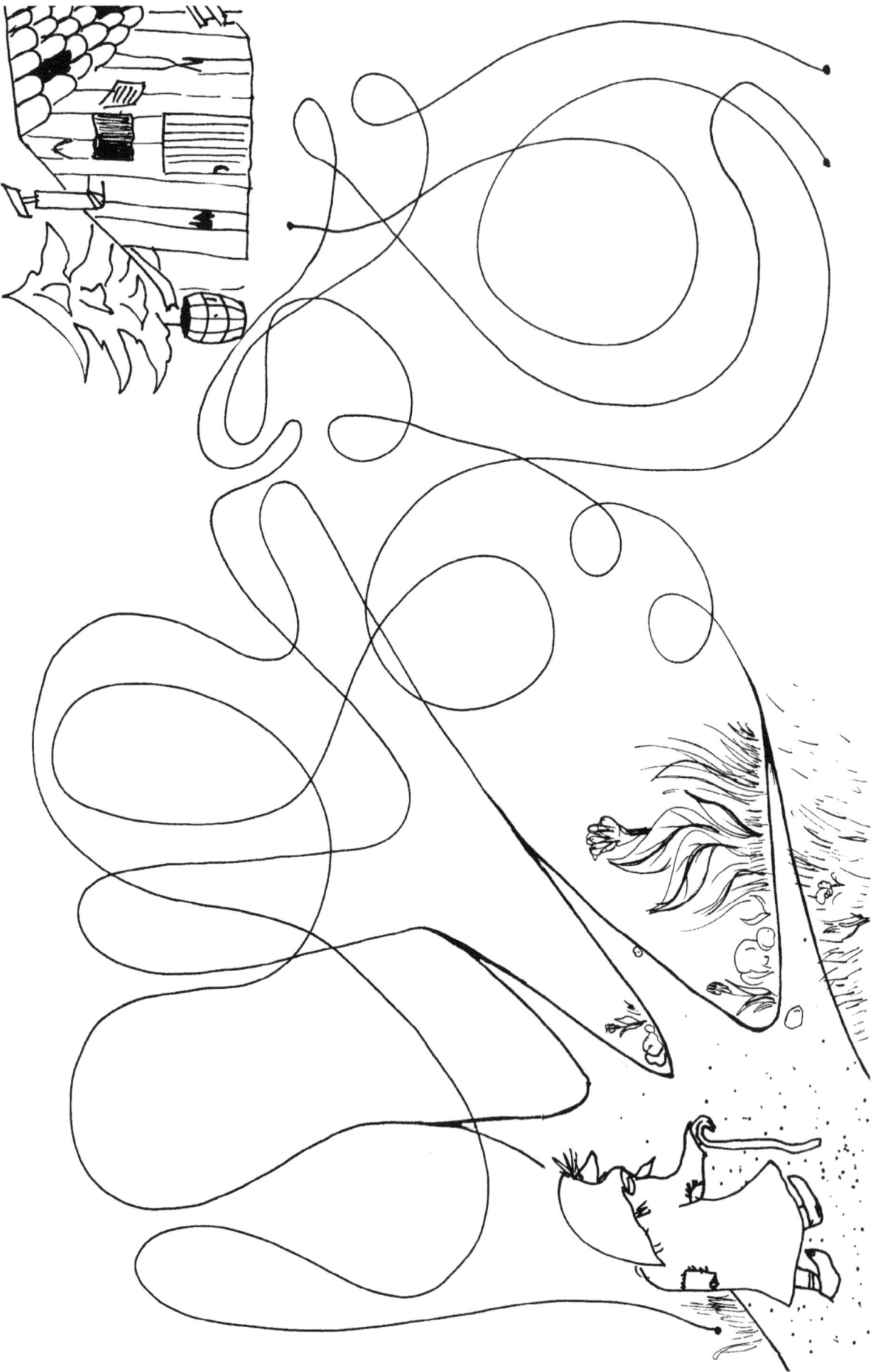

IDEENKISTE KINDERGaRTEN
Spiele, Arbeitsblätter, Legekärtchen, Bastelvorschläge – Bestell-Nr. 11 053

KOHL VERLAG

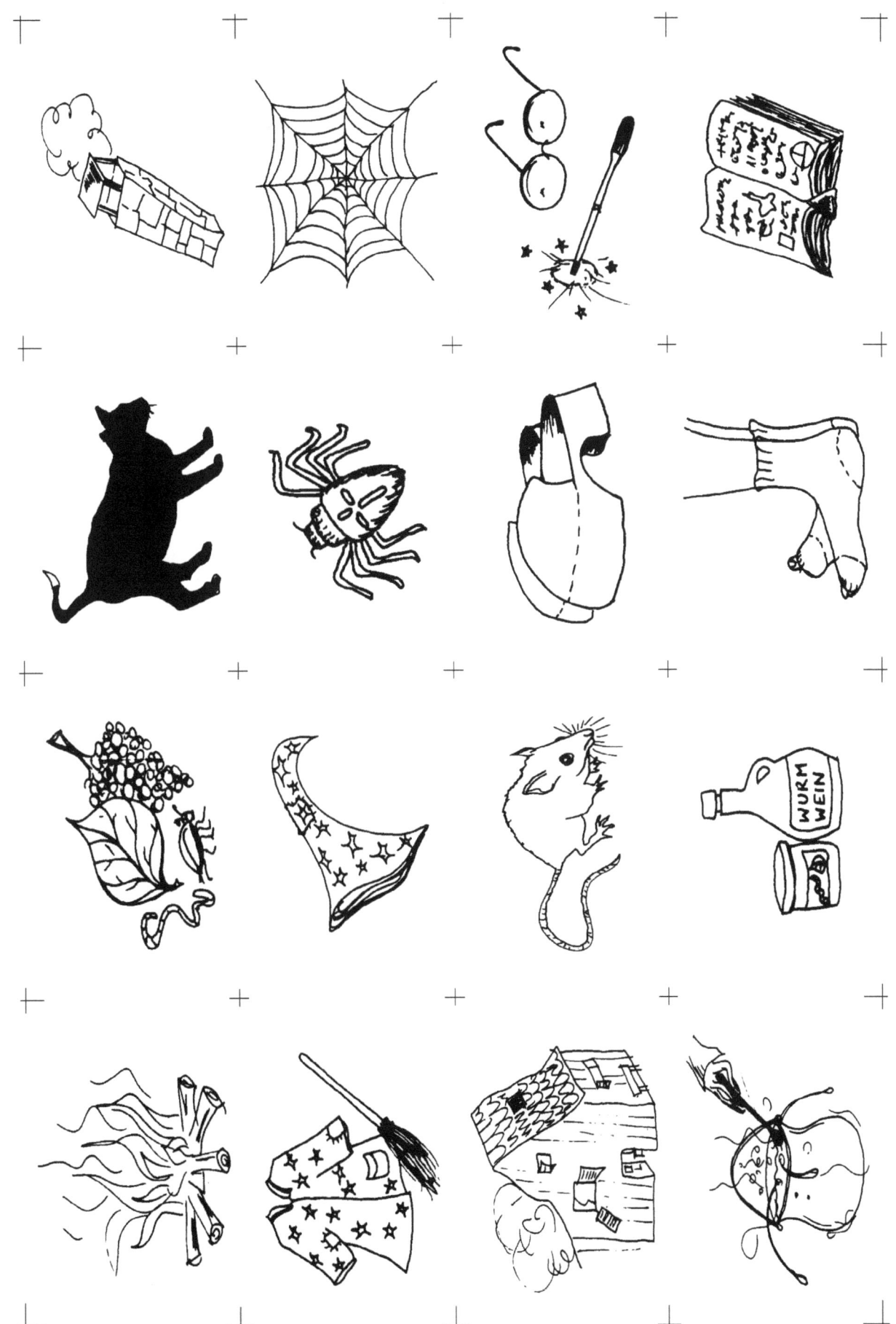

IDEENKISTE KINDERGaRTEN
KOHL VERLAG

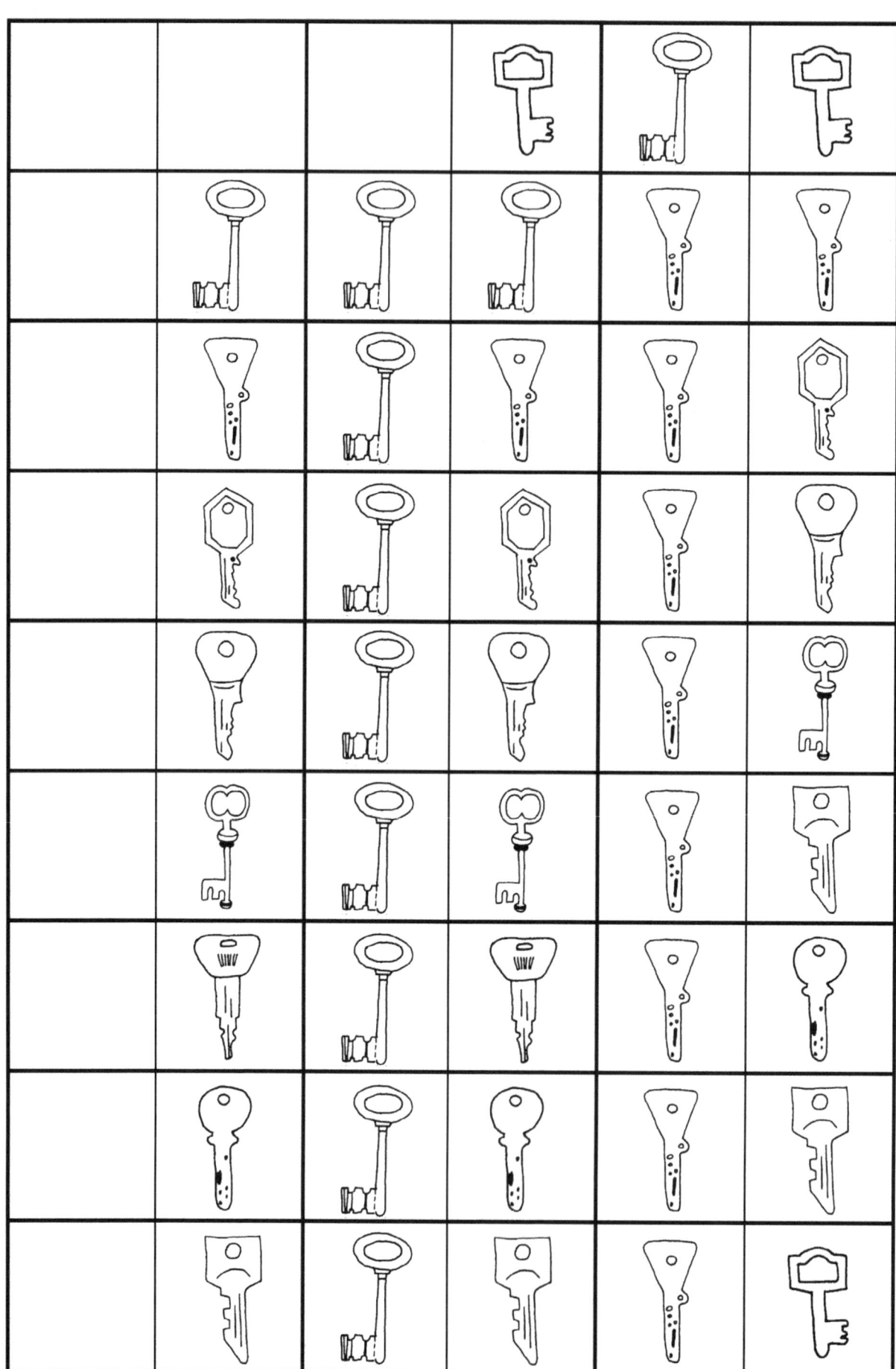

IDEENKISTE KINDERGaRTEN
Spiele, Arbeitsblätter, Legekärtchen, Bastelvorschläge – Bestell-Nr. 11 053

KOHLVERLAG

IDEENKISTE KINDERGaRTEN

26 Schlüsseldomino

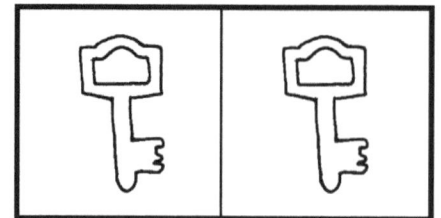

27 Urwaldspiel

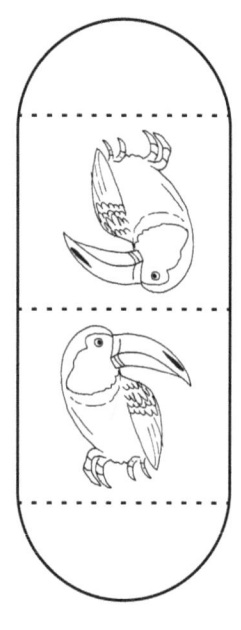
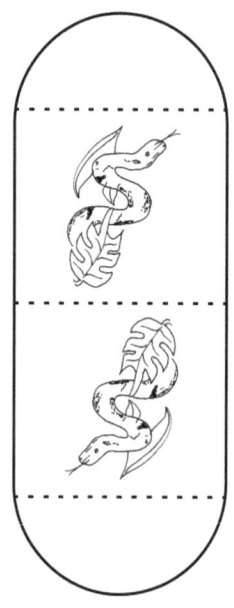
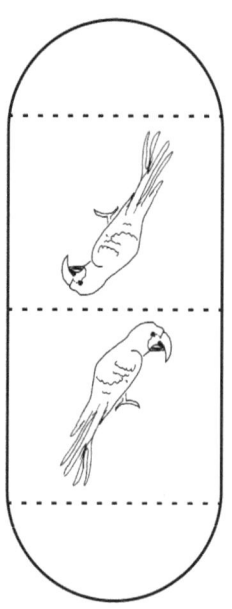

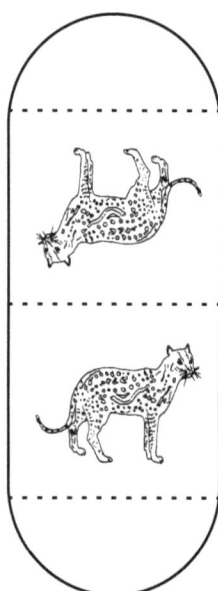
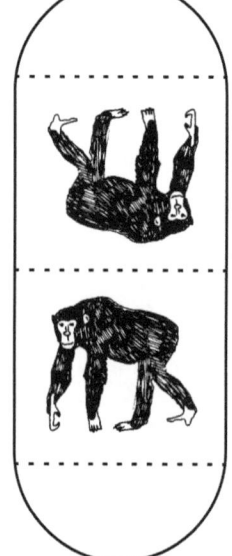
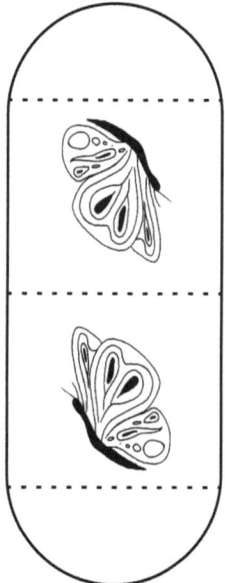

IDEENKISTE KINDERGaRTEN
Spiele, Arbeitsblätter, Legekärtchen, Bastelvorschläge – Bestell-Nr. 11 053
KOHL VERLAG

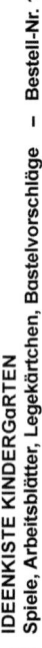

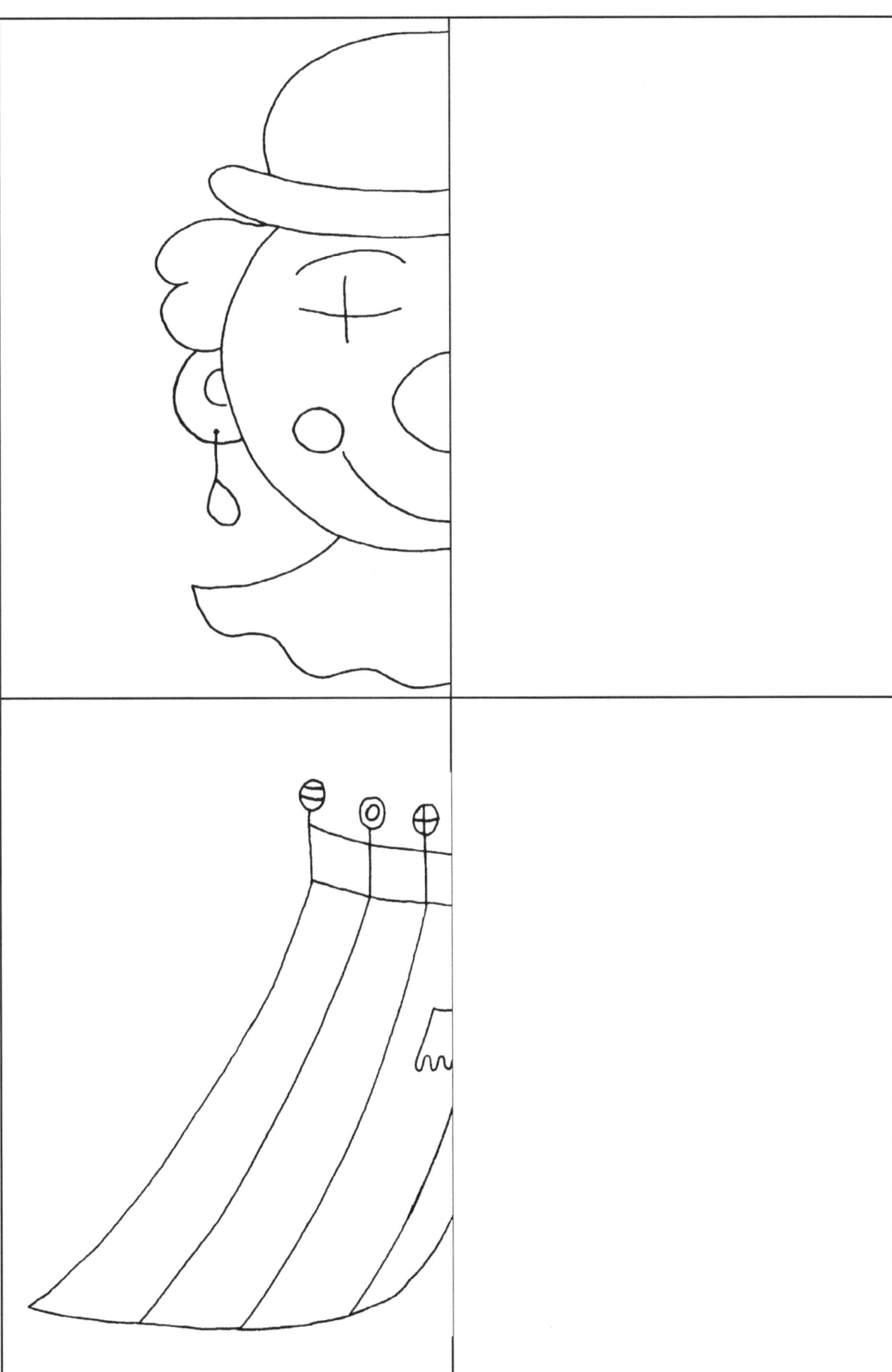

IDEENKISTE KINDERGaRTEN

KOHL VERLAG

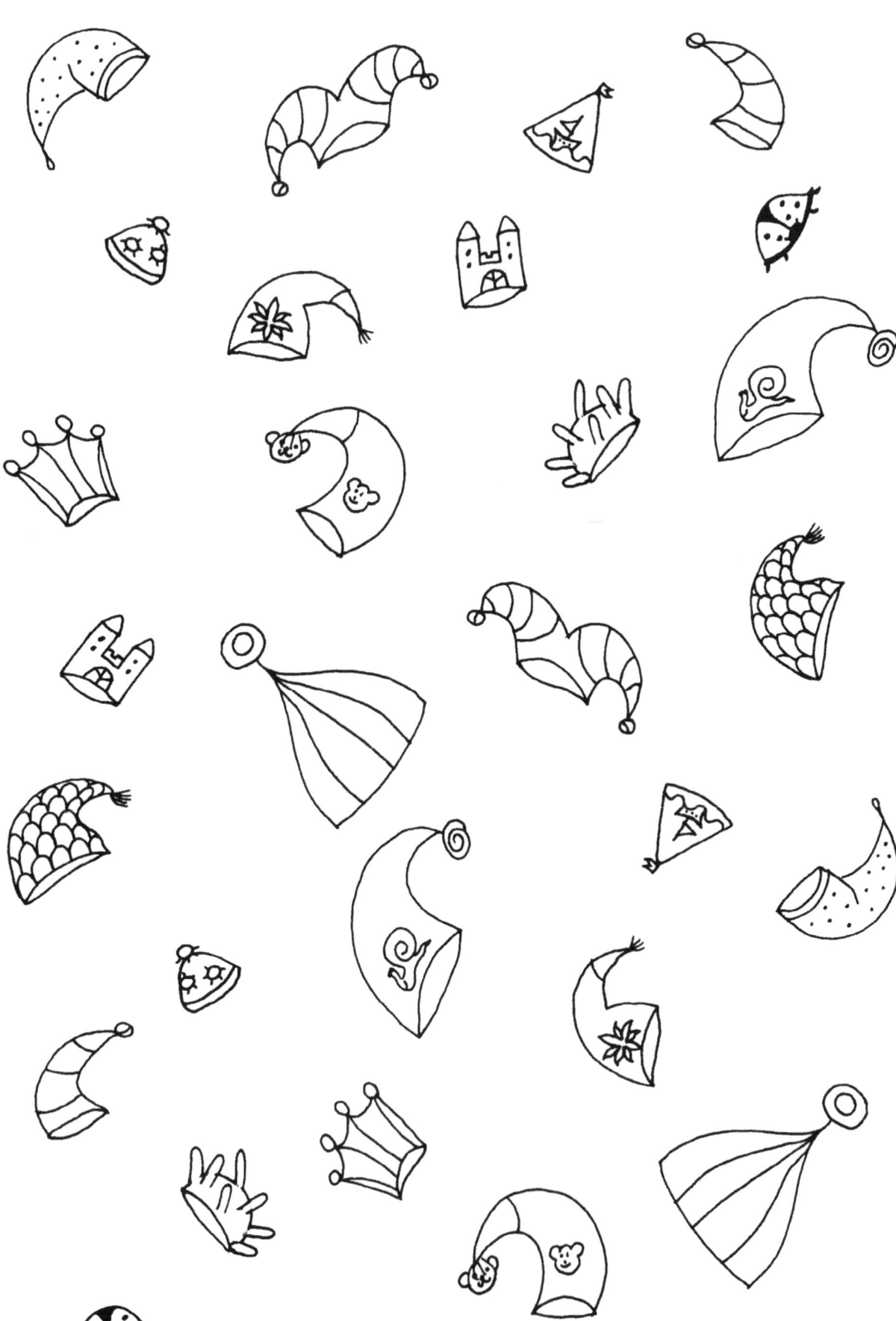

IDEENKISTE KINDERGaRTEN
Spiele, Arbeitsblätter, Legekärtchen, Bastelvorschläge – Bestell-Nr. 11 053

KOHLVERLAG

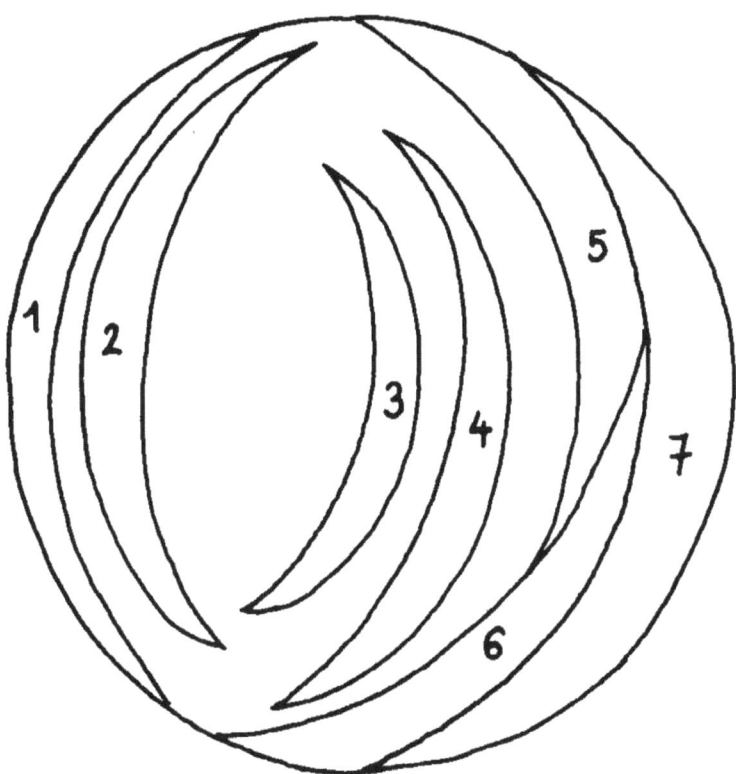

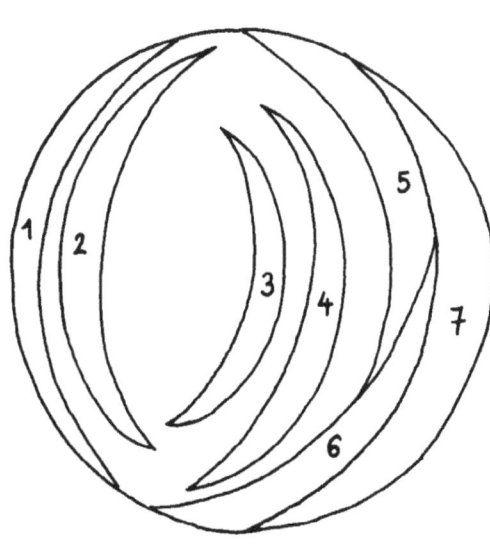

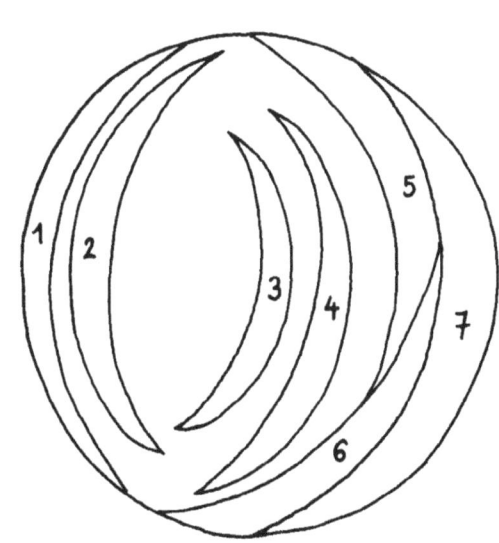

1	2	3	4	5	6	7

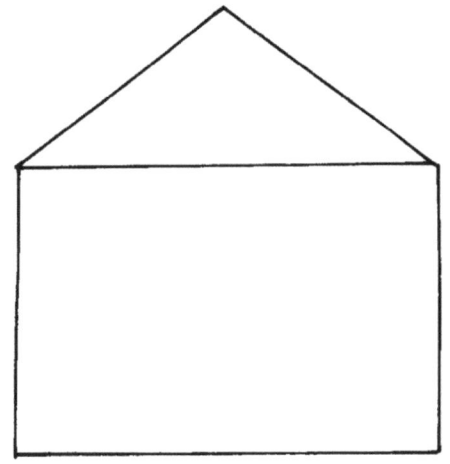
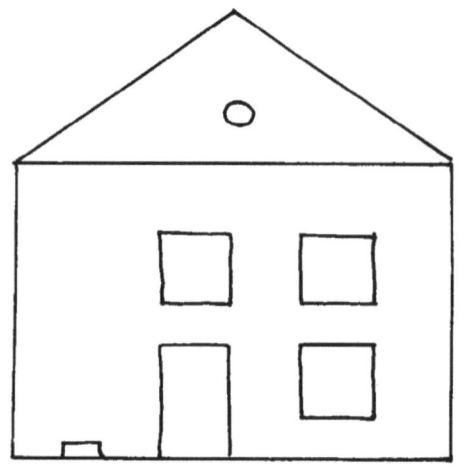

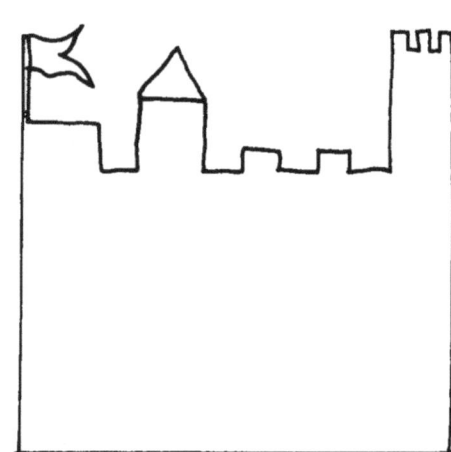
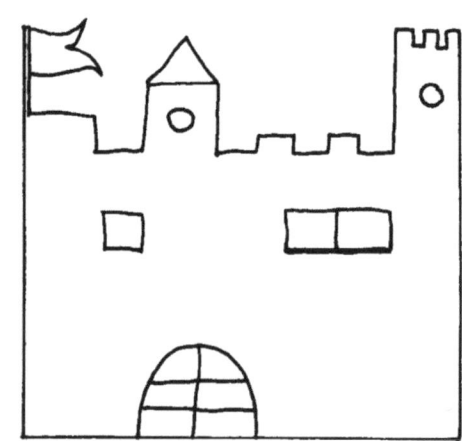

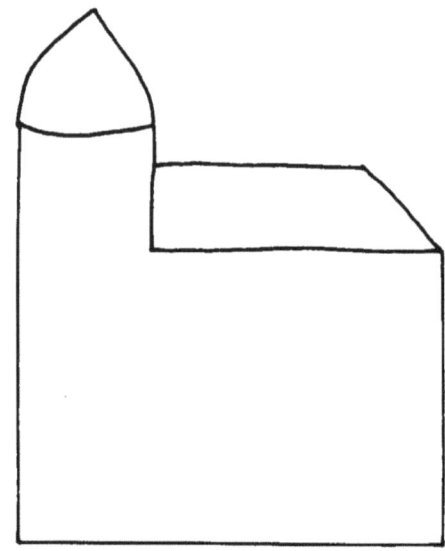
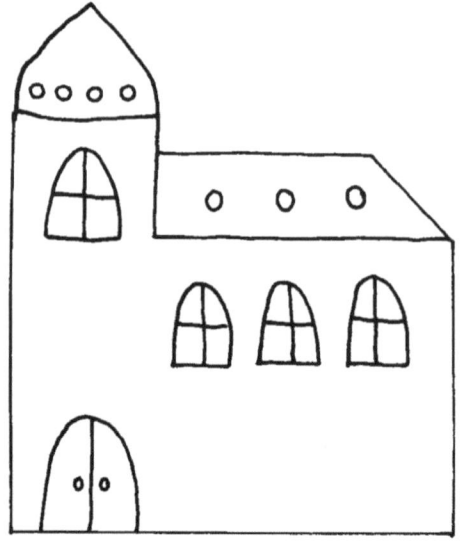

IDEENKISTE KINDERGaRTEN
Spiele, Arbeitsblätter, Legekärtchen, Bastelvorschläge — Bestell-Nr. 11 053

KOHL VERLAG

32 **Schloss als Nähbild**

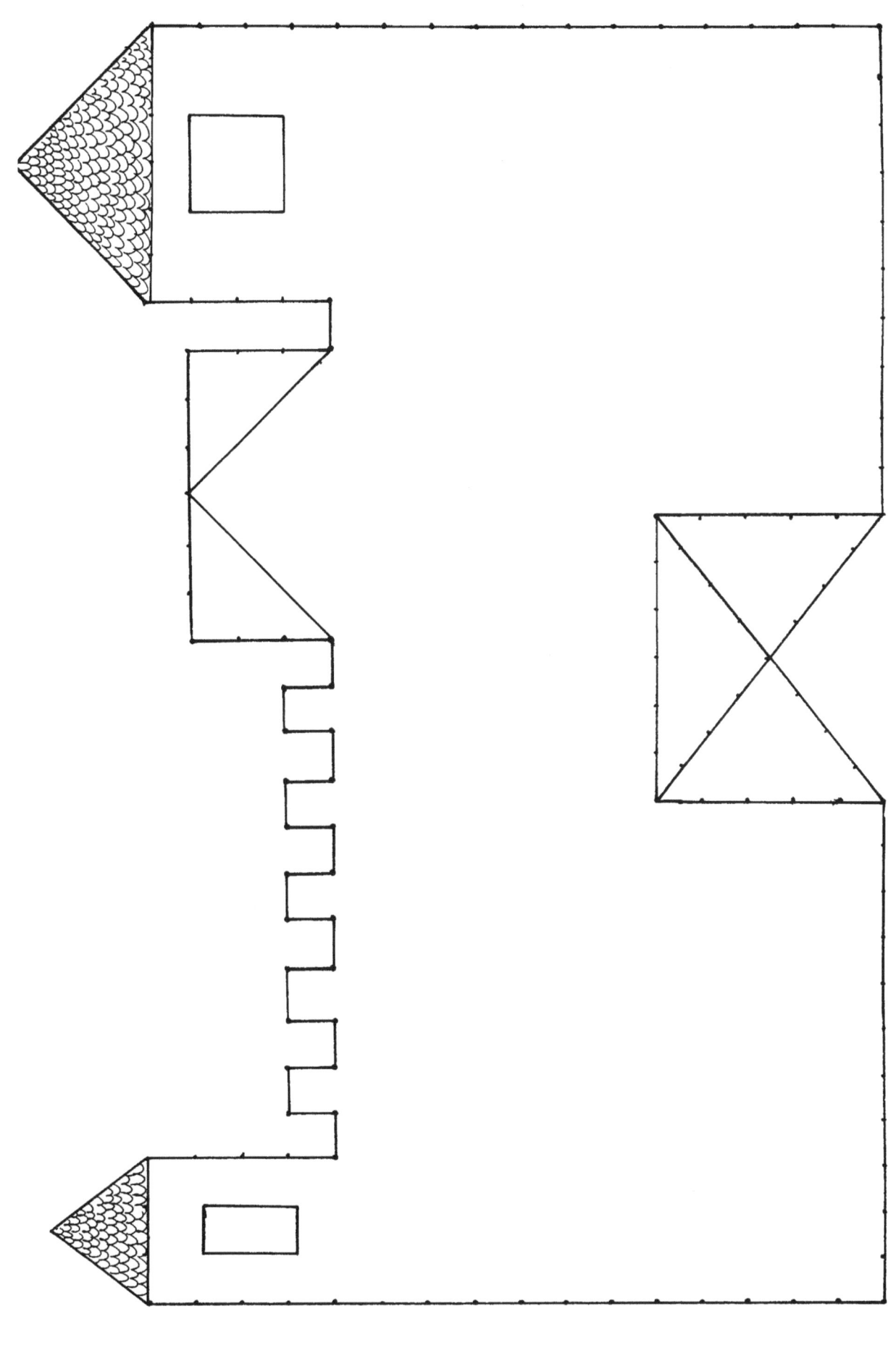

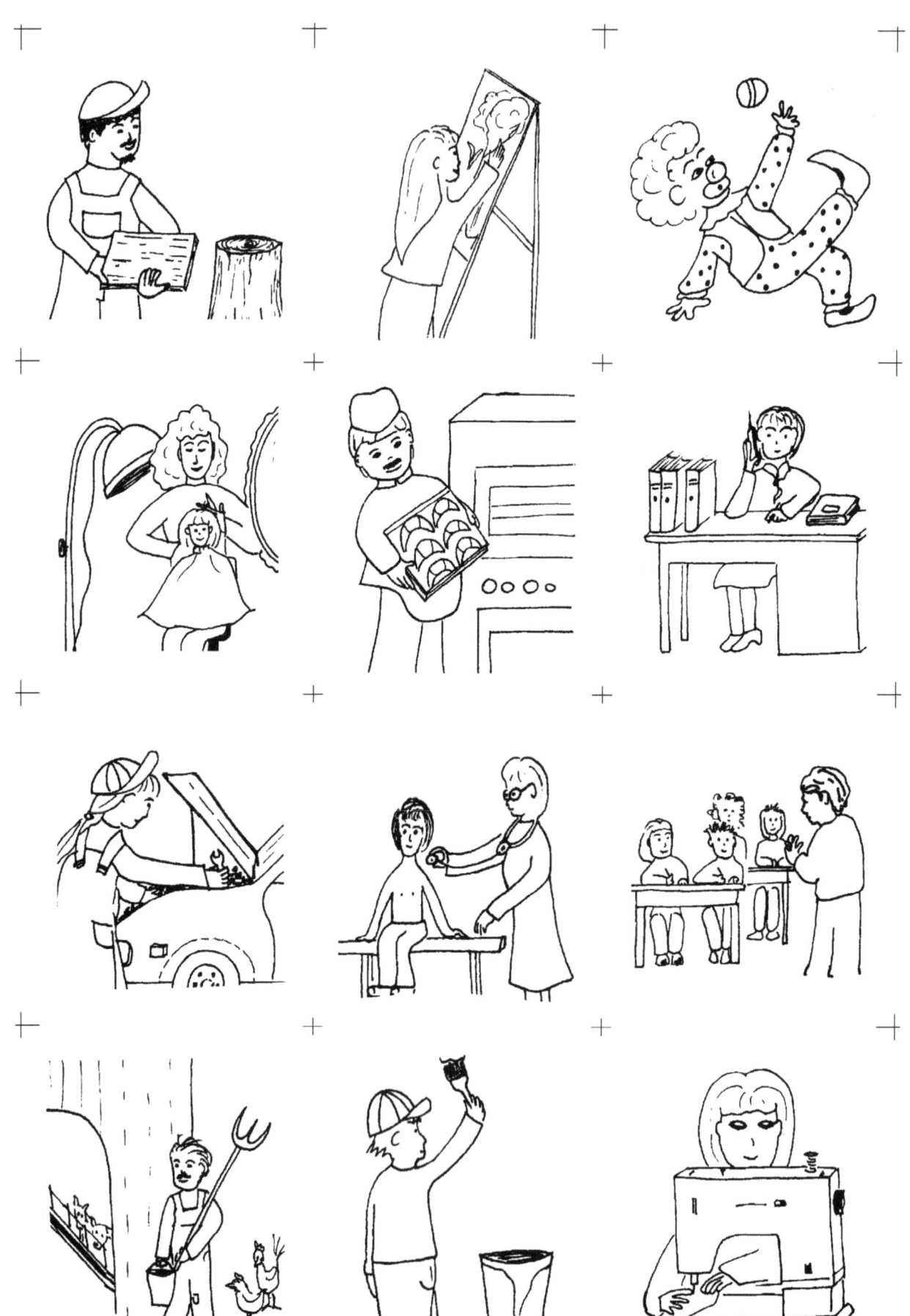

IDEENKISTE KINDERGaRTEN
Spiele, Arbeitsblätter, Legekärtchen, Bastelvorschläge – Bestell-Nr. 11 053
KOHLVERLAG

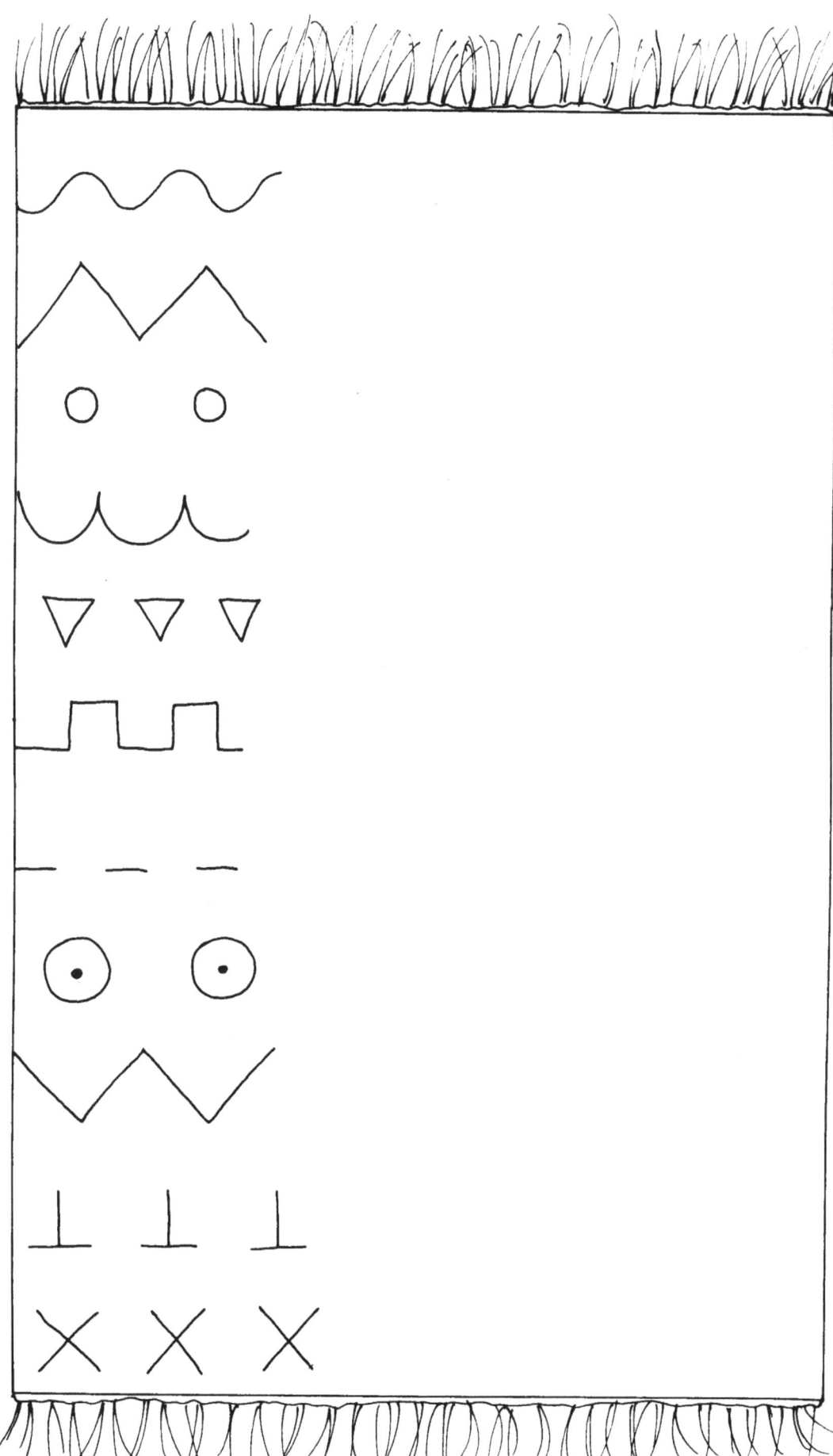

IDEENKISTE KINDERGaRTEN

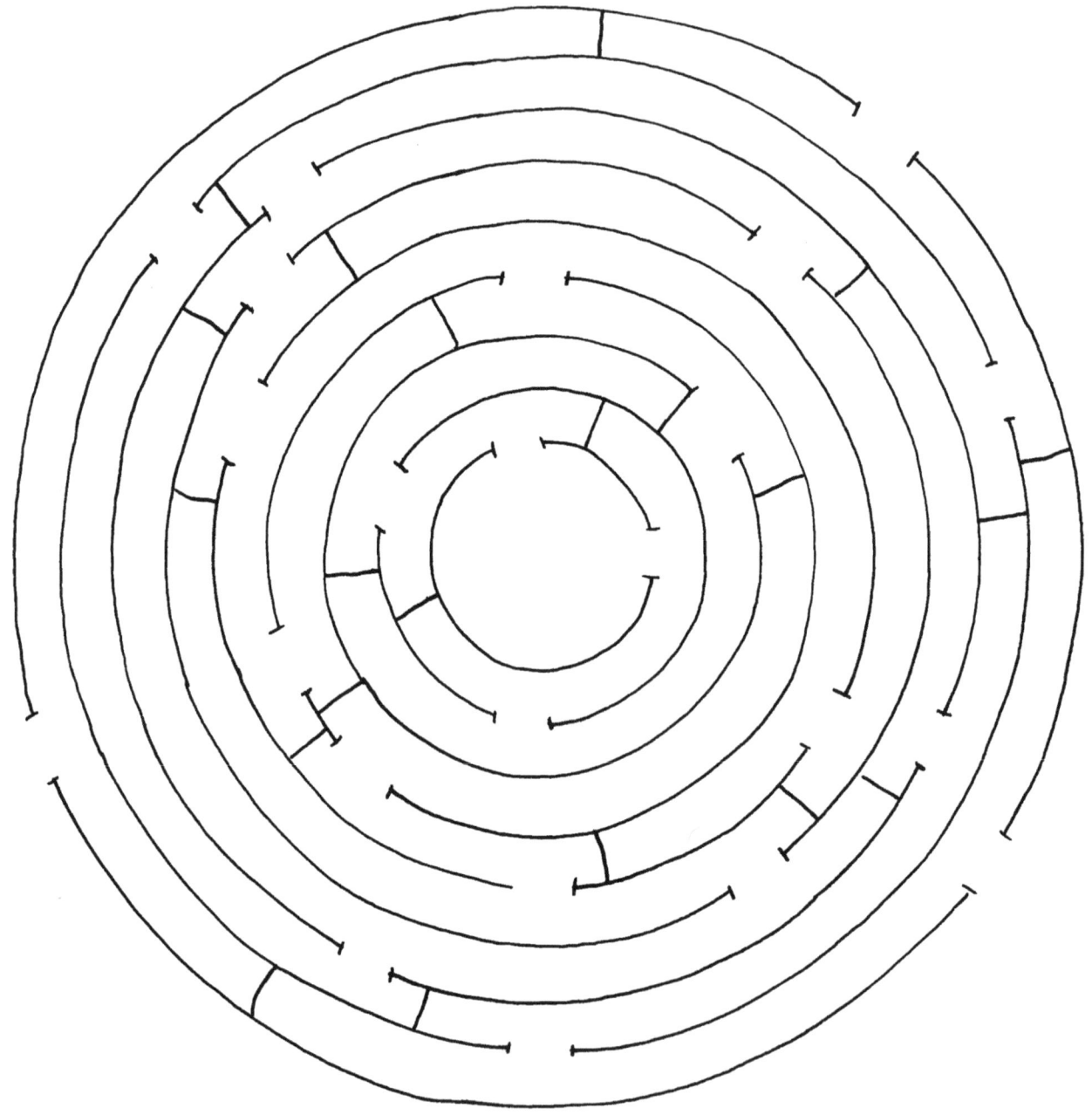

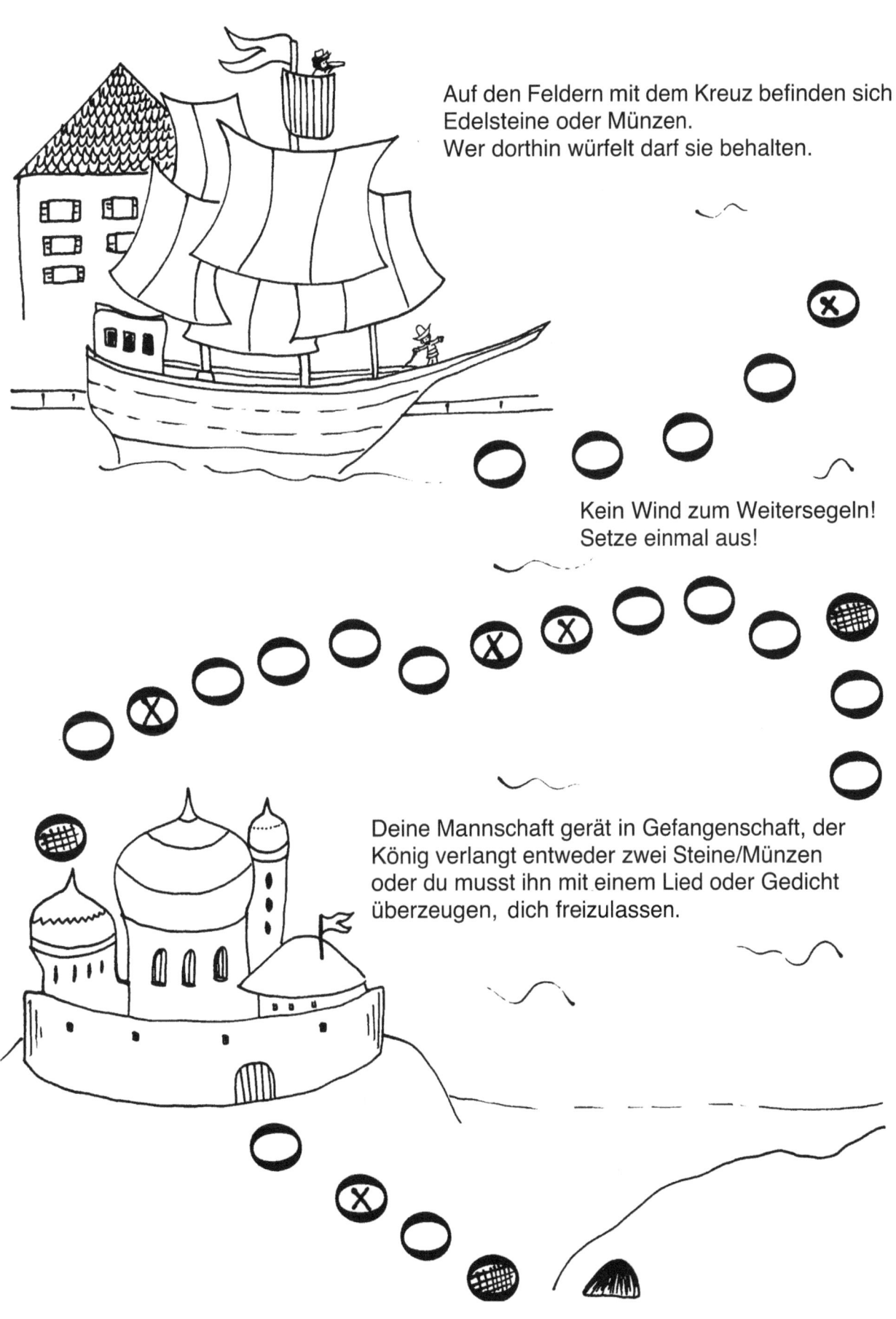

Auf den Feldern mit dem Kreuz befinden sich
Edelsteine oder Münzen.
Wer dorthin würfelt darf sie behalten.

Kein Wind zum Weitersegeln!
Setze einmal aus!

Deine Mannschaft gerät in Gefangenschaft, der
König verlangt entweder zwei Steine/Münzen
oder du musst ihn mit einem Lied oder Gedicht
überzeugen, dich freizulassen.

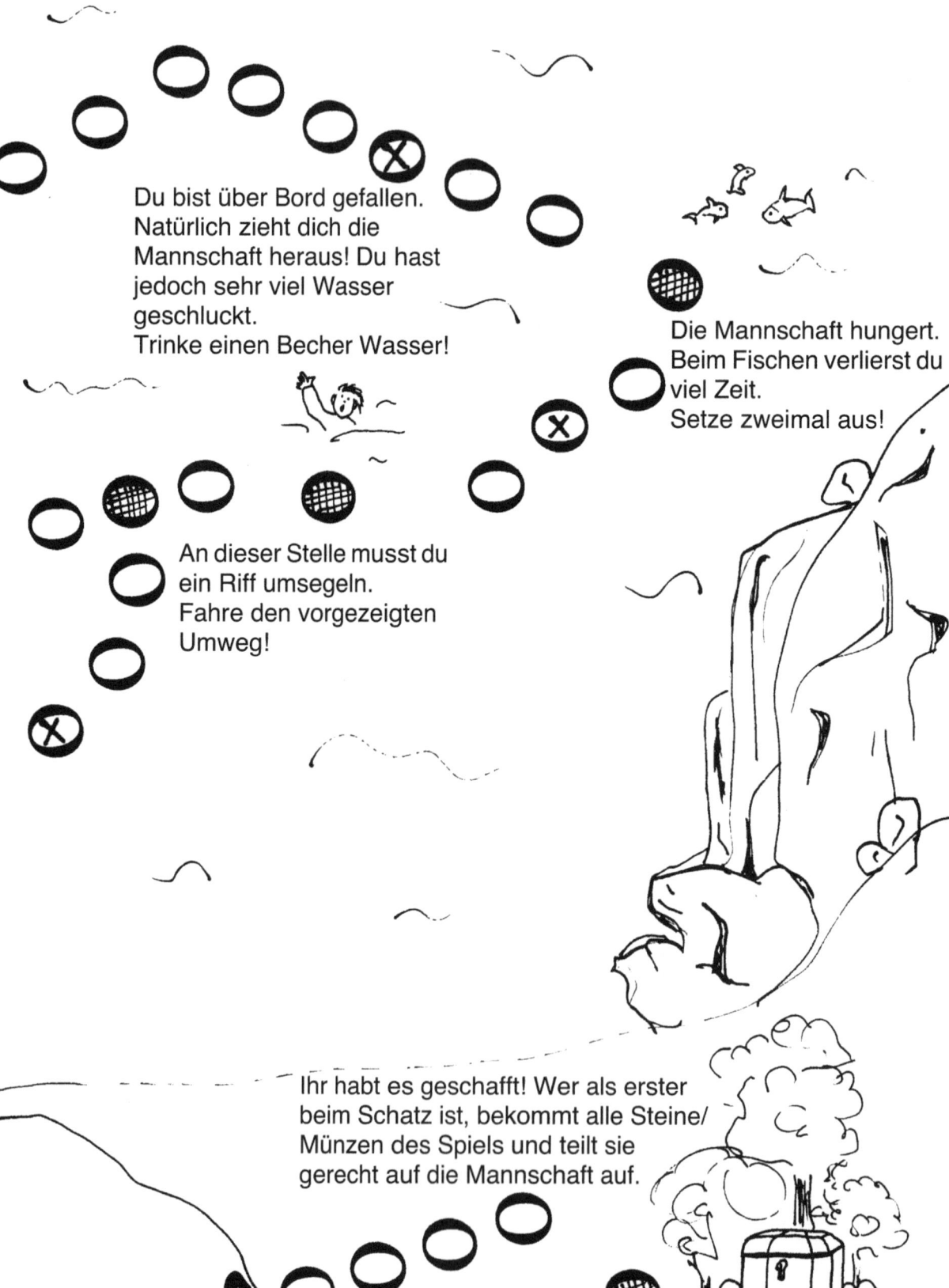

Du bist über Bord gefallen.
Natürlich zieht dich die
Mannschaft heraus! Du hast
jedoch sehr viel Wasser
geschluckt.
Trinke einen Becher Wasser!

Die Mannschaft hungert.
Beim Fischen verlierst du
viel Zeit.
Setze zweimal aus!

An dieser Stelle musst du
ein Riff umsegeln.
Fahre den vorgezeigten
Umweg!

Ihr habt es geschafft! Wer als erster
beim Schatz ist, bekommt alle Steine/
Münzen des Spiels und teilt sie
gerecht auf die Mannschaft auf.

IDEENKISTE KINDERGaRTEN
Spiele, Arbeitsblätter, Legekärtchen, Bastelvorschläge — Bestell-Nr. 11 053
KOHL VERLAG

37 **Drachen**

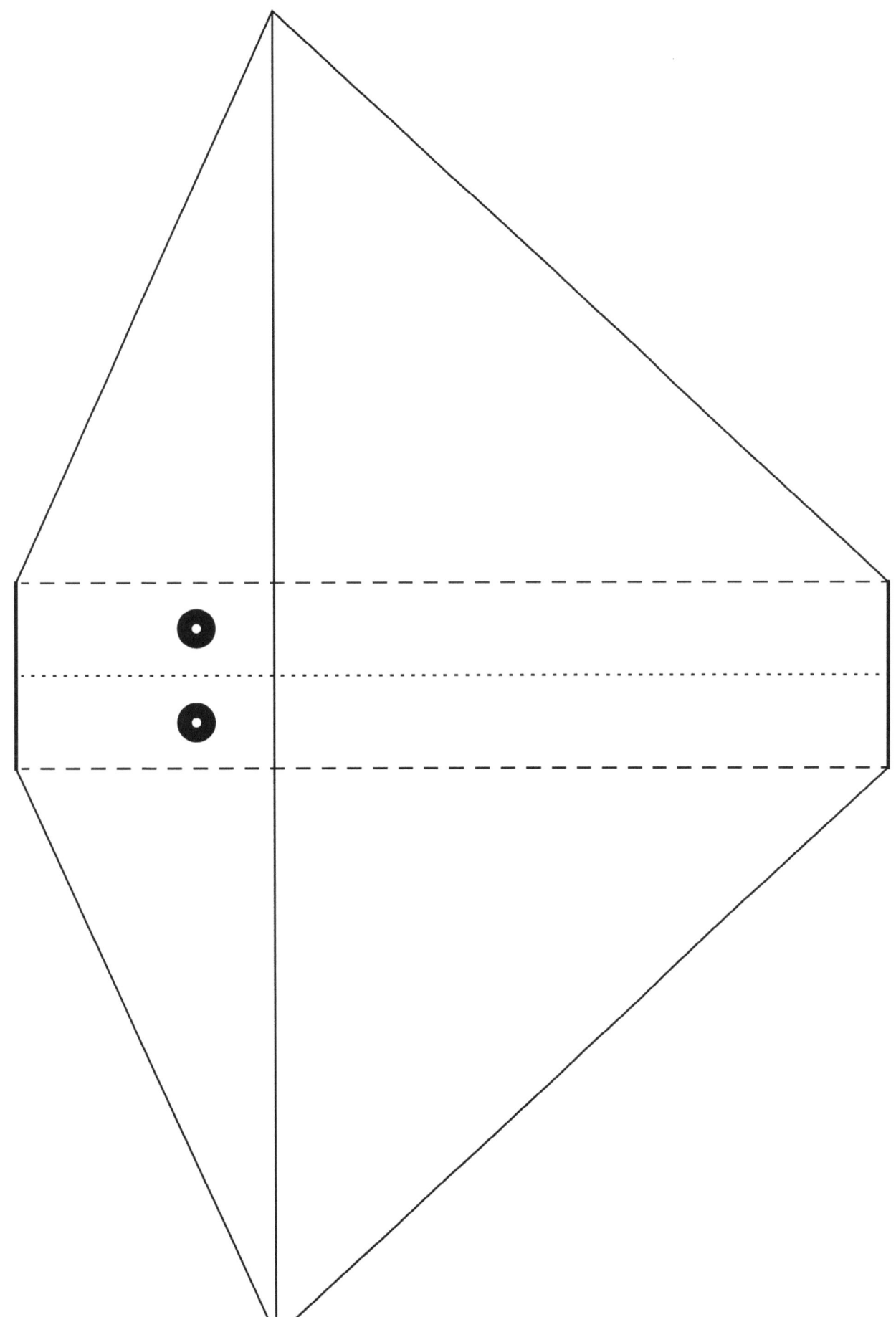

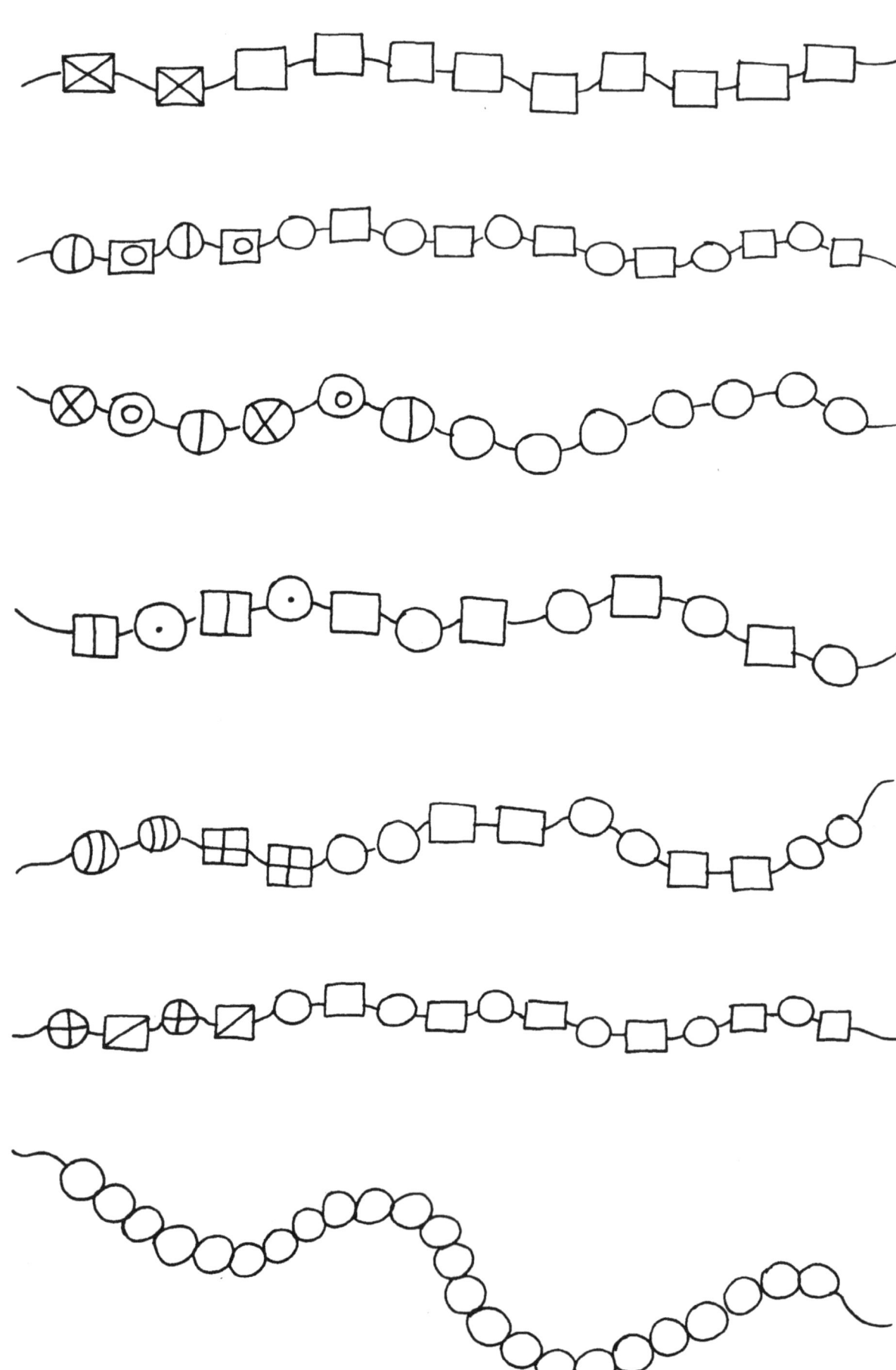

IDEENKISTE KINDERGaRTEN
Spiele, Arbeitsblätter, Legekärtchen, Bastelvorschläge – Bestell-Nr. 11 053

KOHL VERLAG

2	
3	
4	

IDEENKISTE KINDERGaRTEN
KOHL VERLAG

40 Bausteine

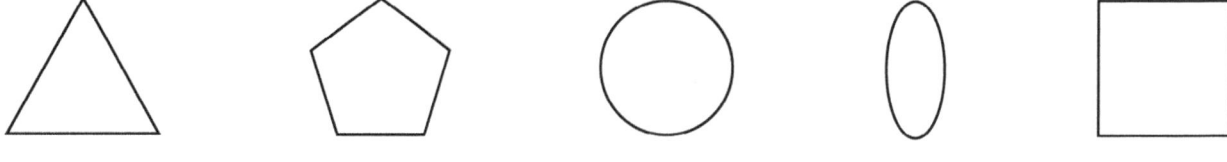

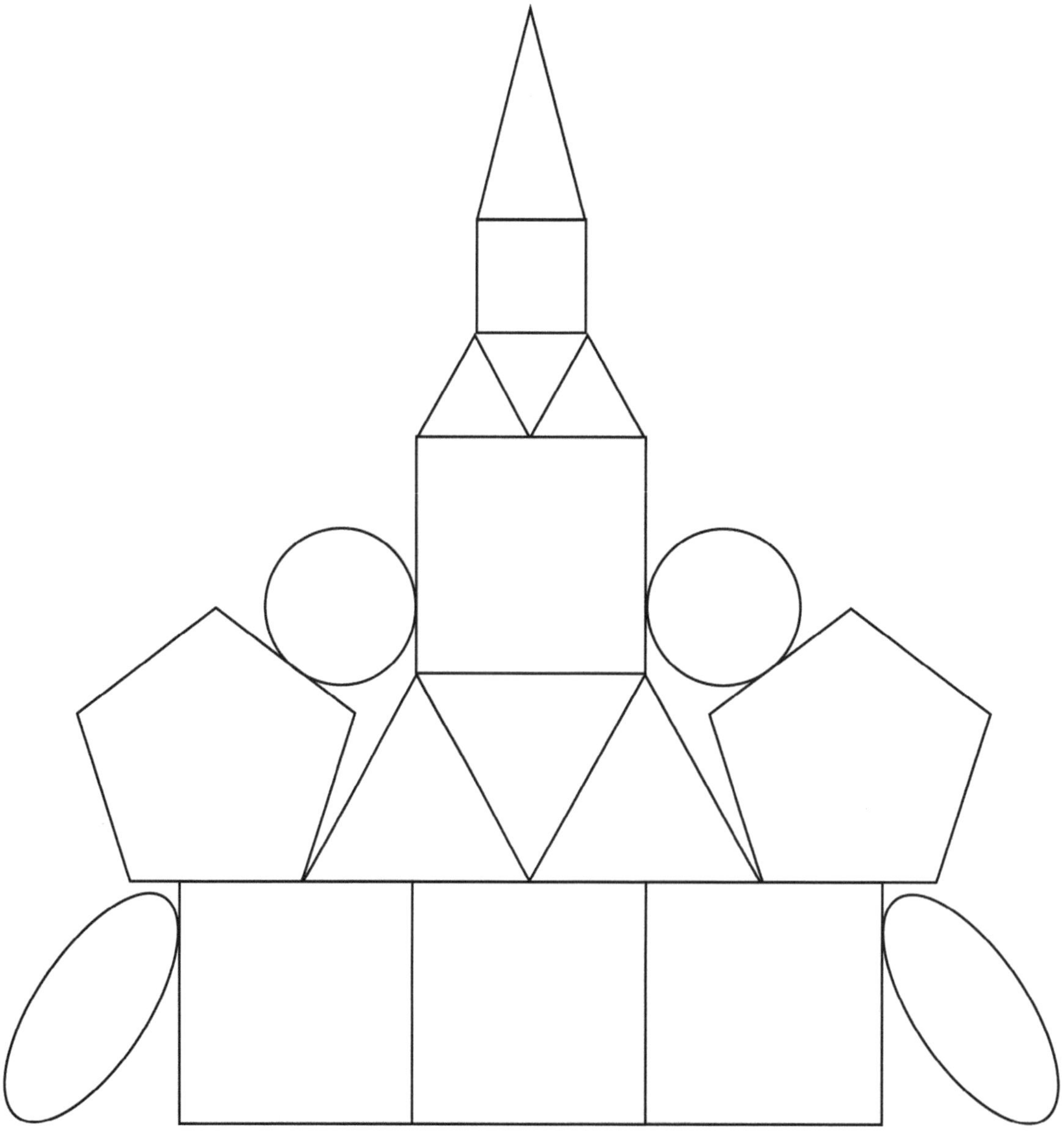

IDEENKISTE KINDERGaRTEN
Spiele, Arbeitsblätter, Legekärtchen, Bastelvorschläge – Bestell-Nr. 11 053
KOHL VERLAG

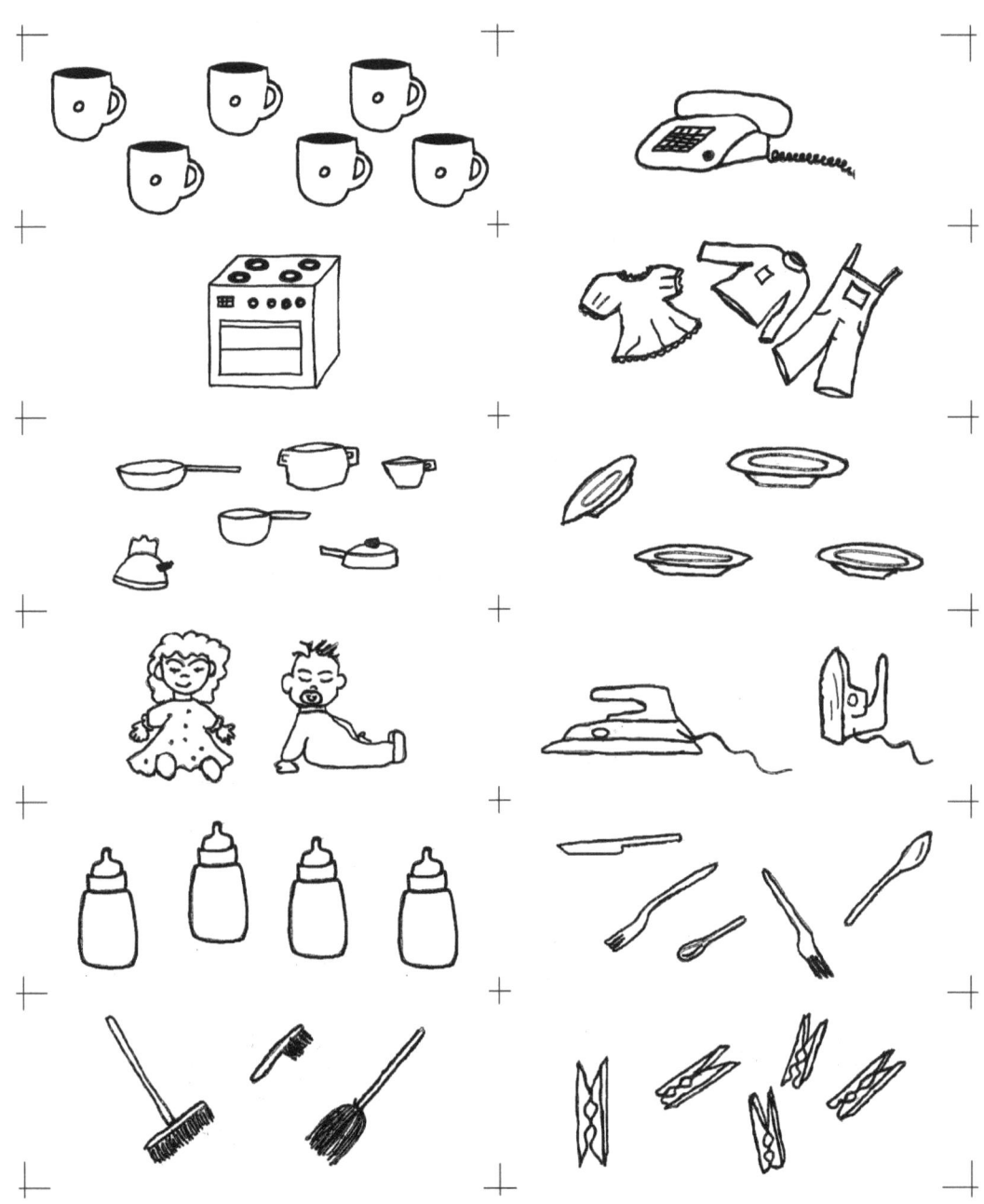

⚀	⚁	⚂	⚃	⚄	⚅

IDEENKISTE KINDERGaRTEN
Spiele, Arbeitsblätter, Legekärtchen, Bastelvorschläge – Bestell-Nr. 11 053
KOHL VERLAG

42 **Geburtstag**

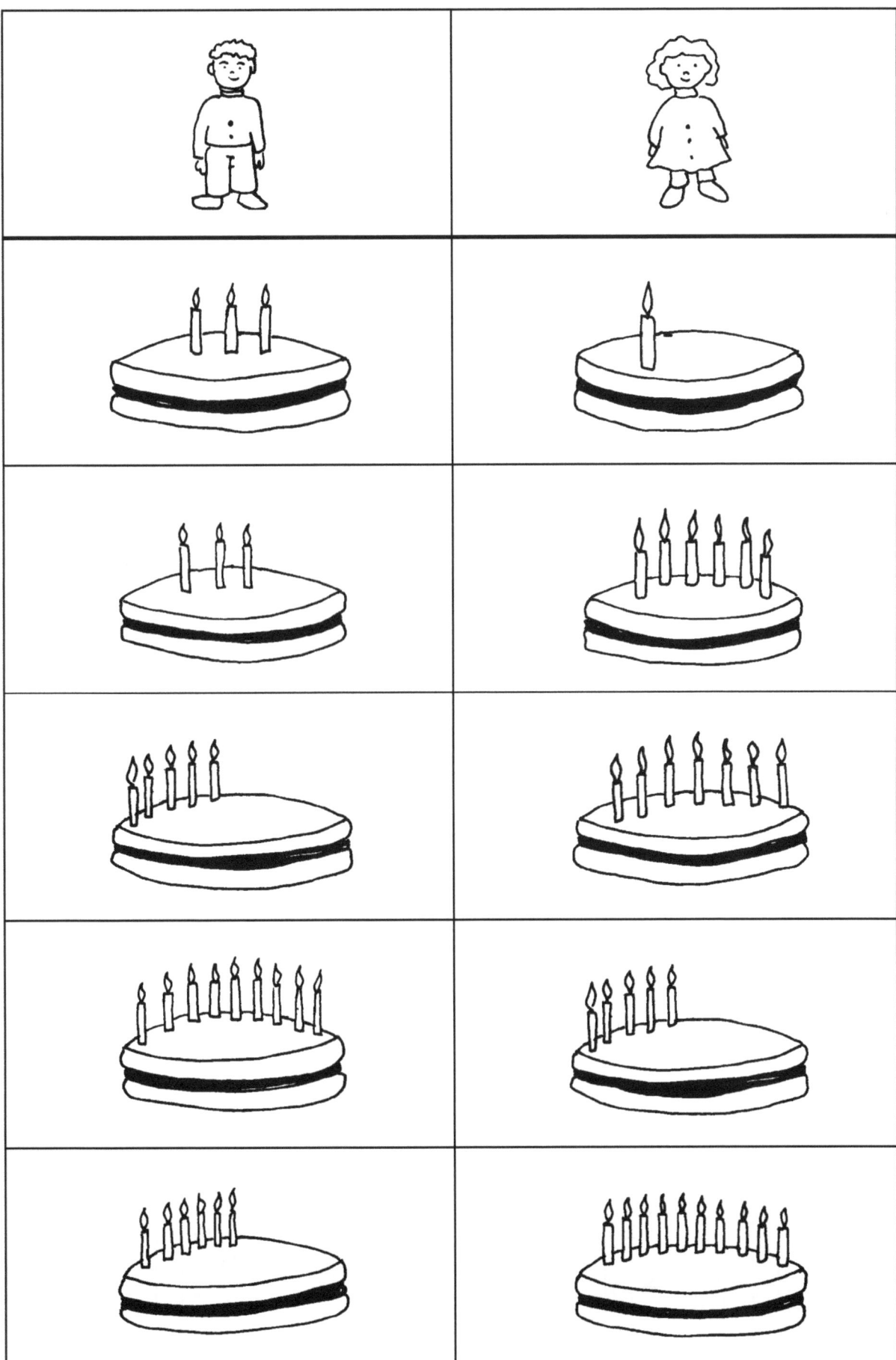

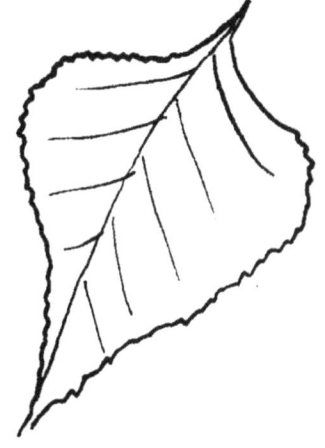

Birke

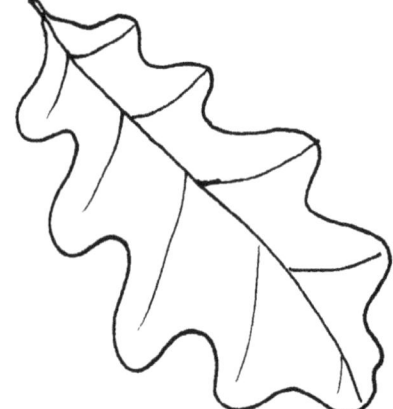

Eiche

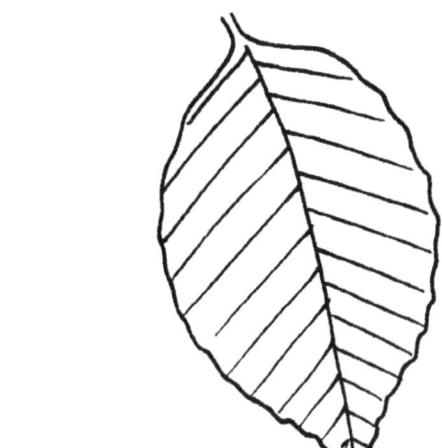

Buche

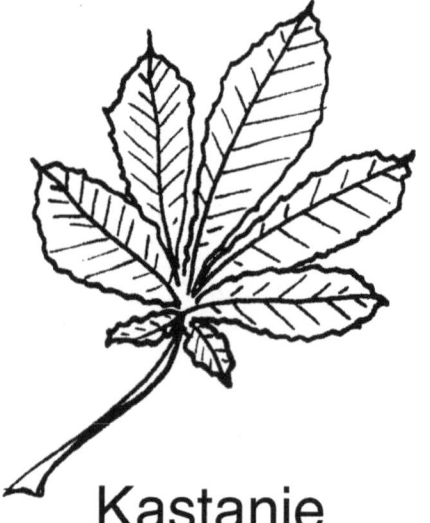

Kastanie

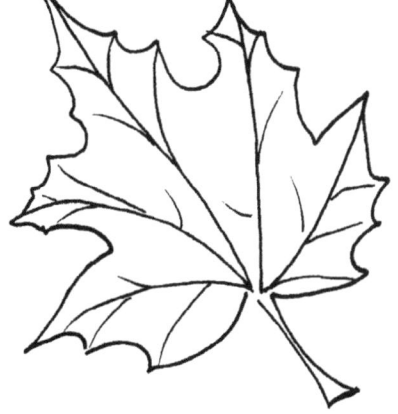

Ahorn

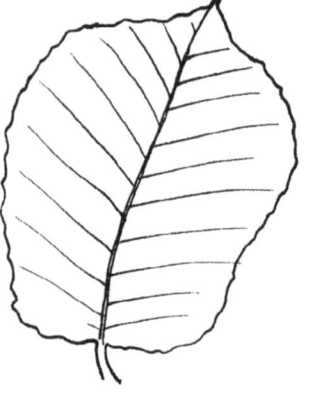

Hasel

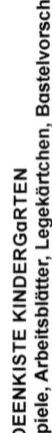

IDEENKISTE KINDERGaRTEN
Spiele, Arbeitsblätter, Legekärtchen, Legeblätter, Bastelvorschläge – Bestell-Nr. 11 053

KOHL VERLAG

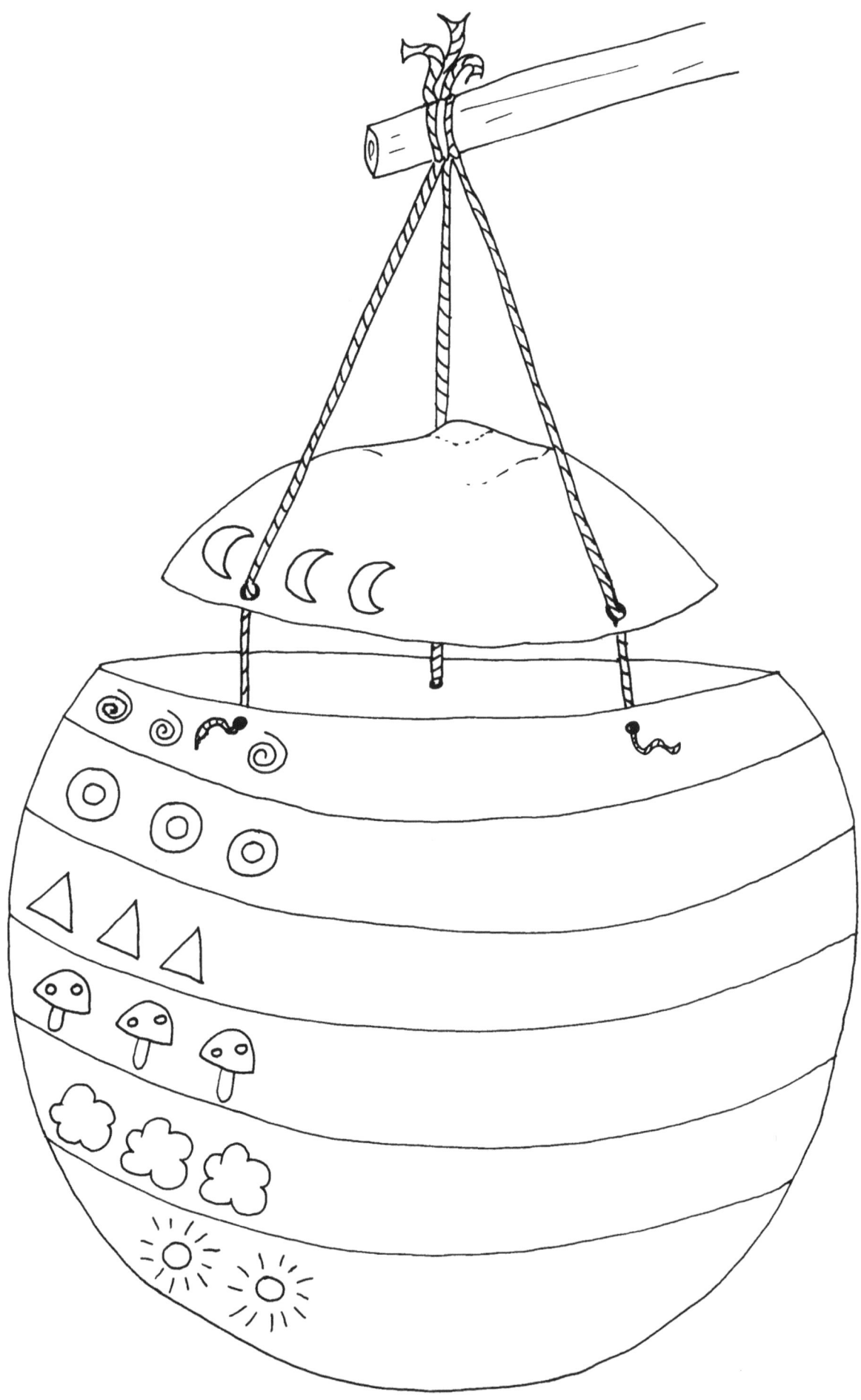

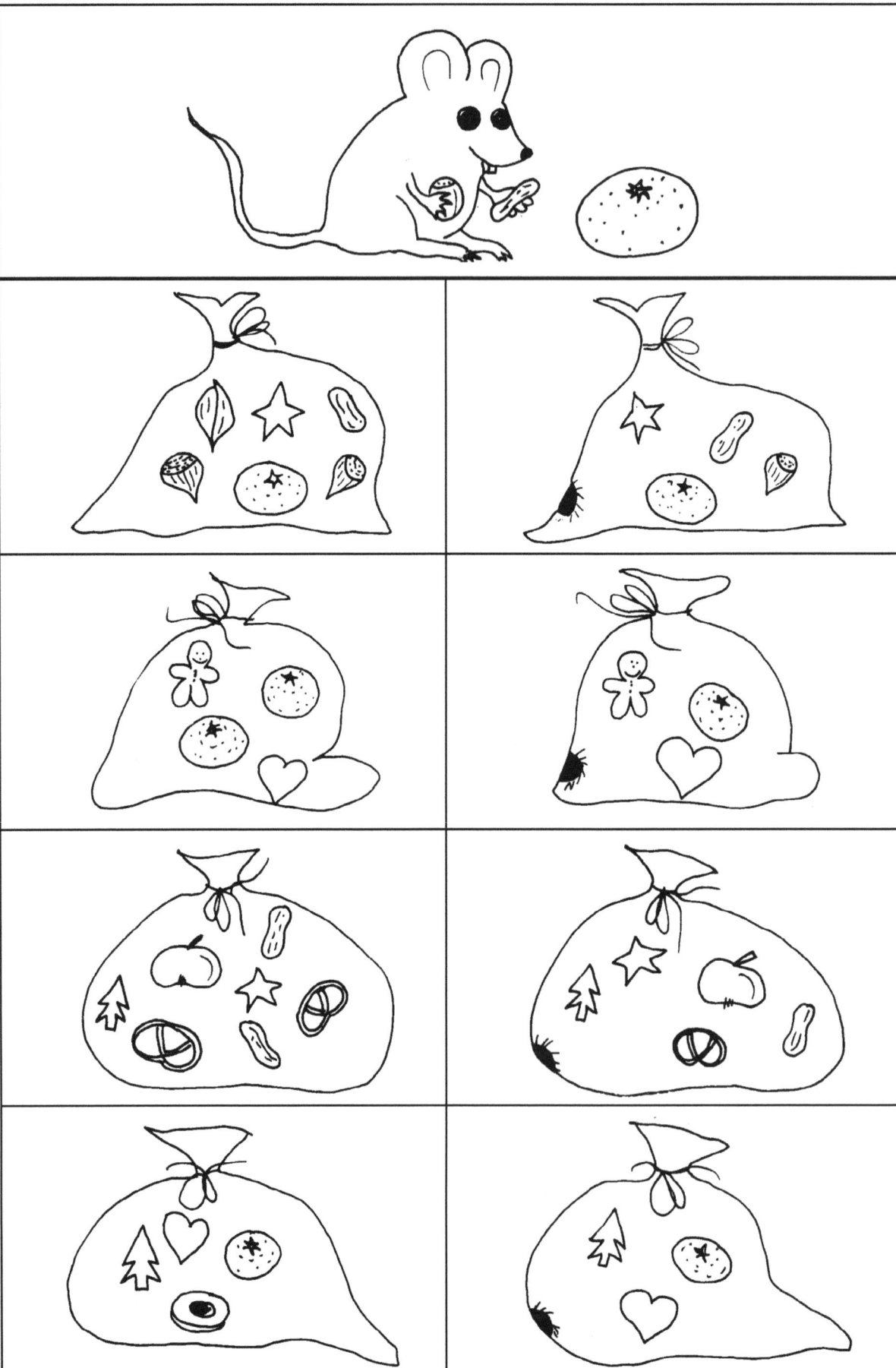

IDEENKISTE KINDERGARTEN
Spiele, Arbeitsblätter, Legekärtchen, Bastelvorschläge — Bestell-Nr. 11 053

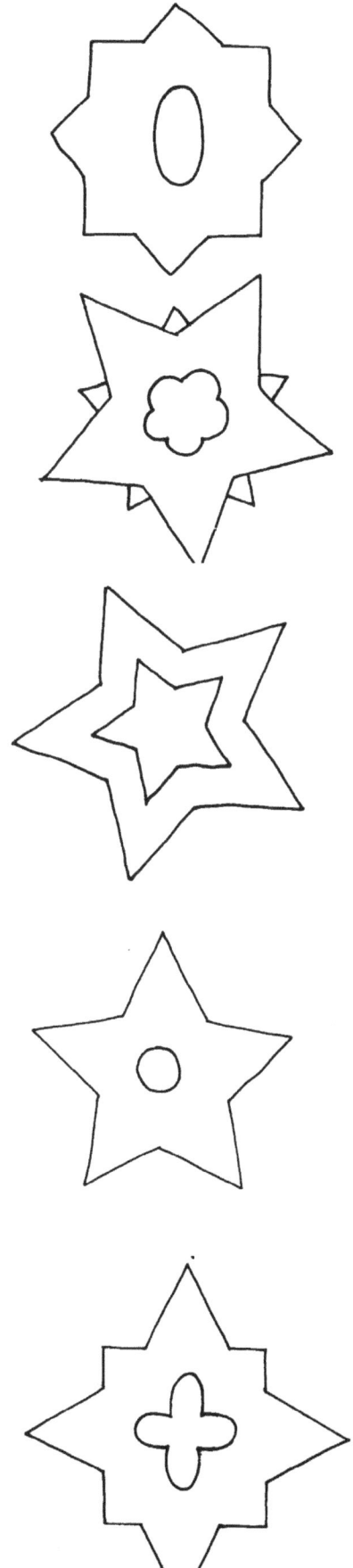

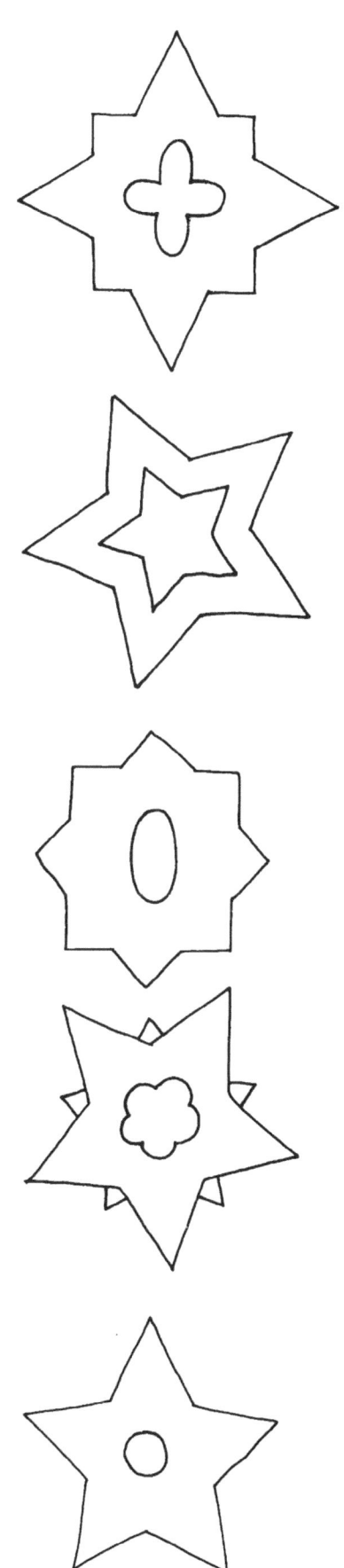

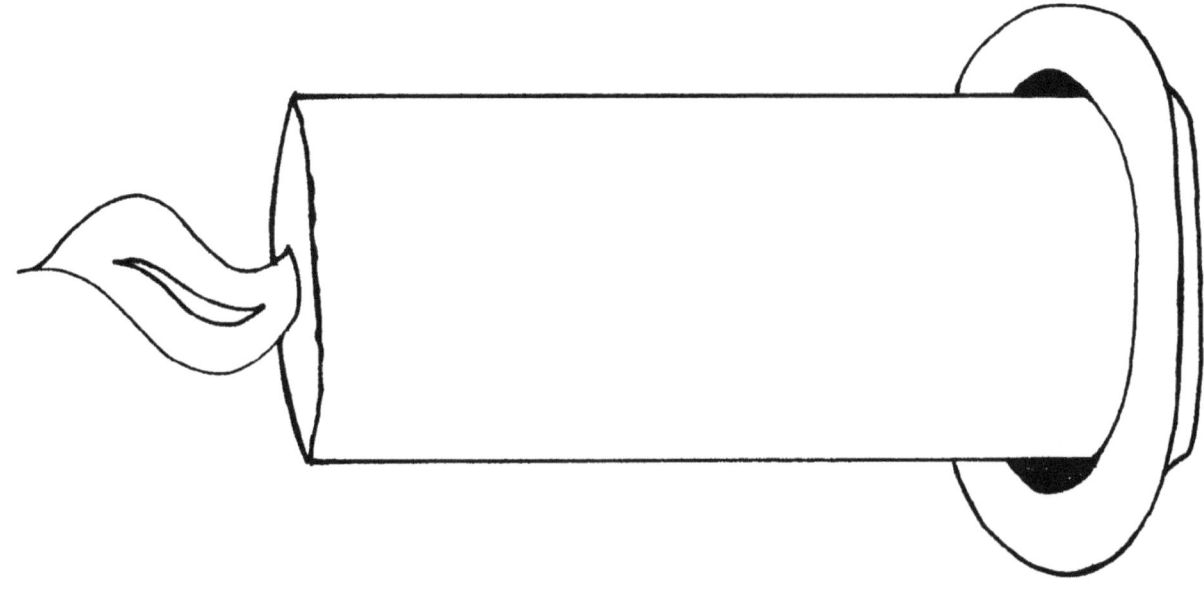

IDEENKISTE KINDERGaRTEN
Spiele, Arbeitsblätter, Legekärtchen, Bastelvorschläge – Bestell-Nr. 11 053

KOHL VERLAG

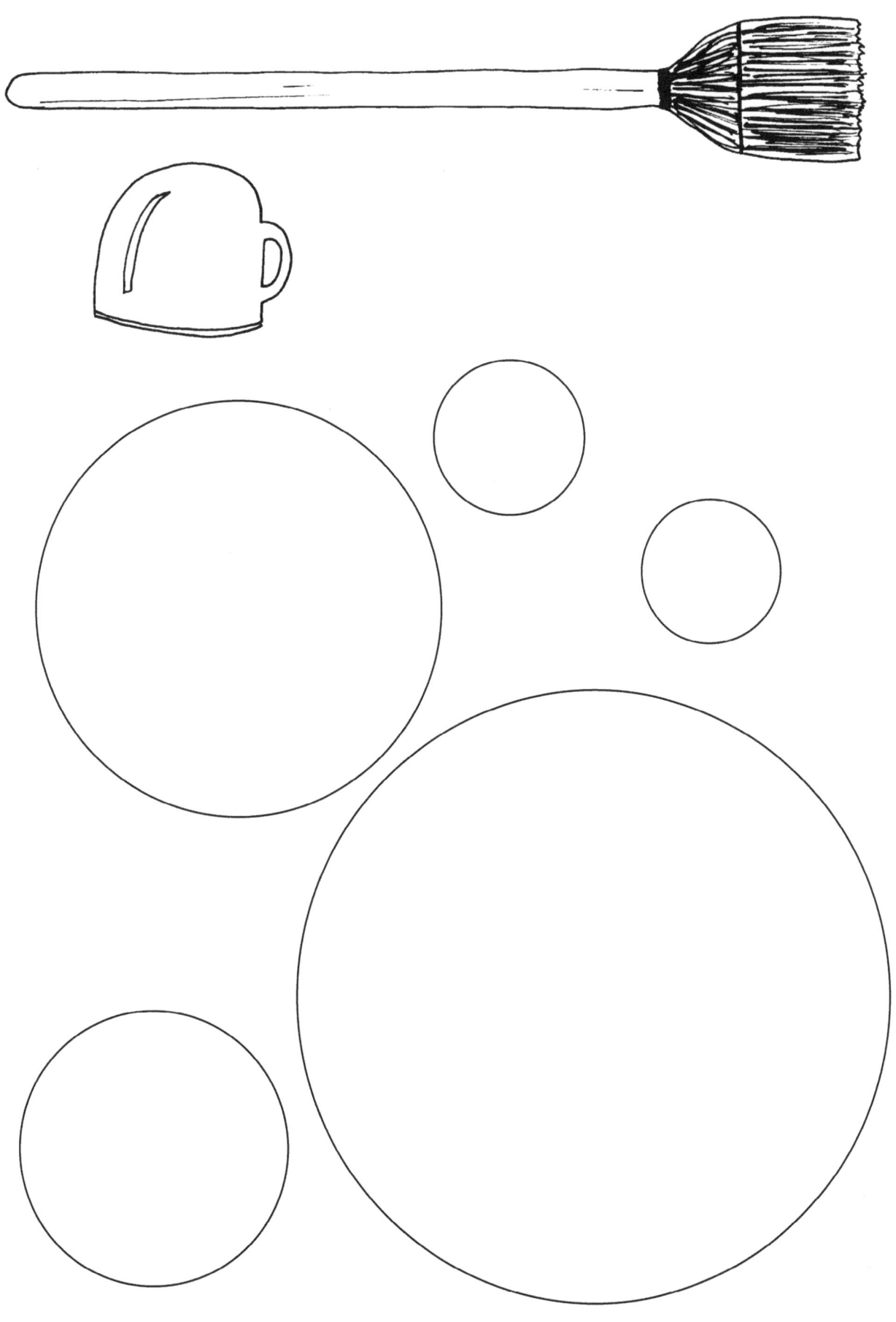

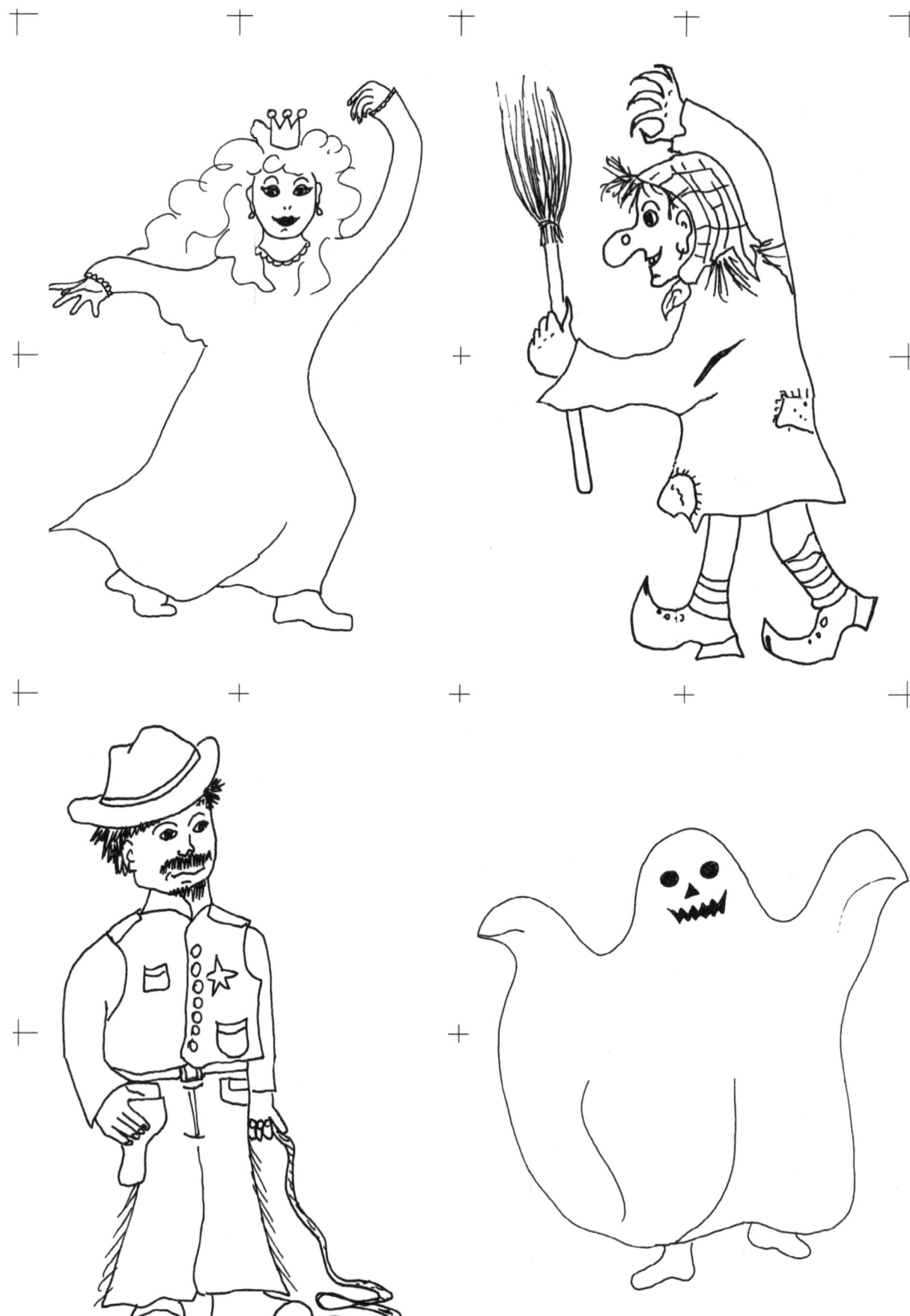

IDEENKISTE KINDERGaRTEN
Spiele, Arbeitsblätter, Legekärtchen, Bastelvorschläge – Bestell-Nr. 11 053

KOHL VERLAG

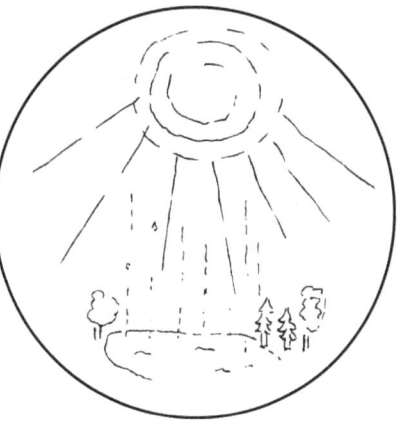

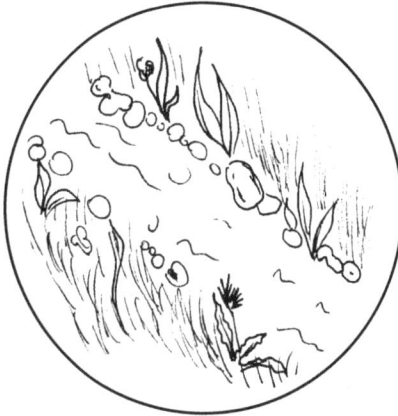

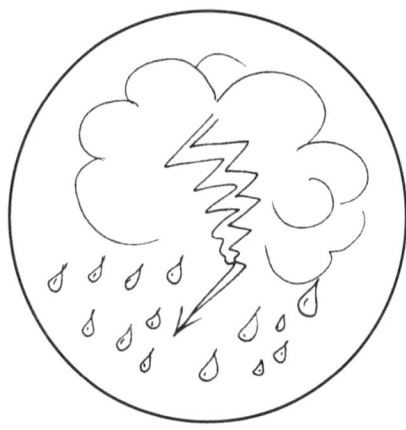

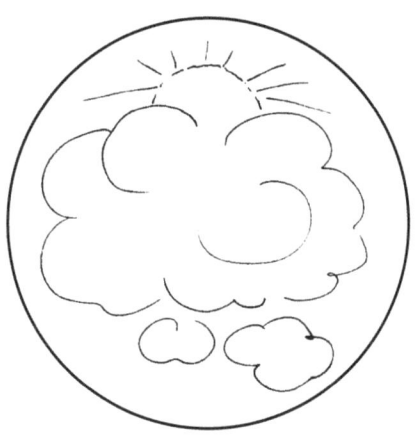

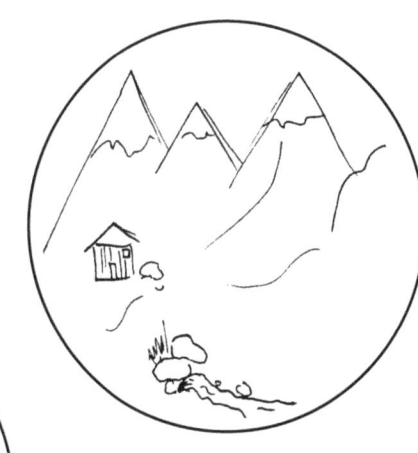

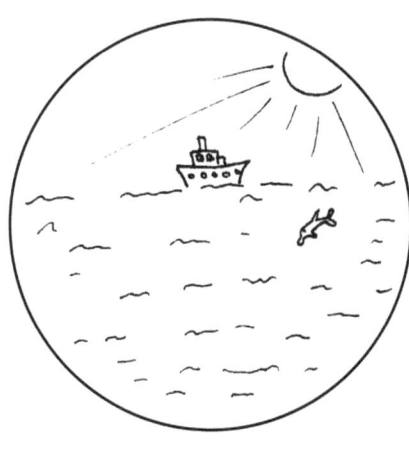

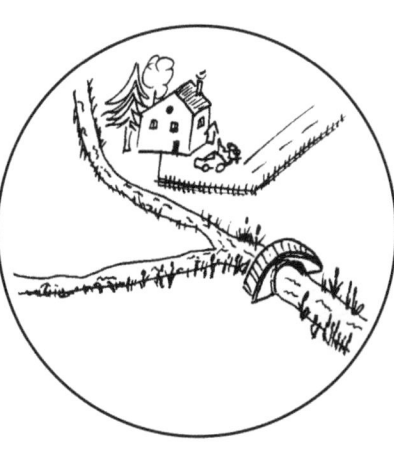

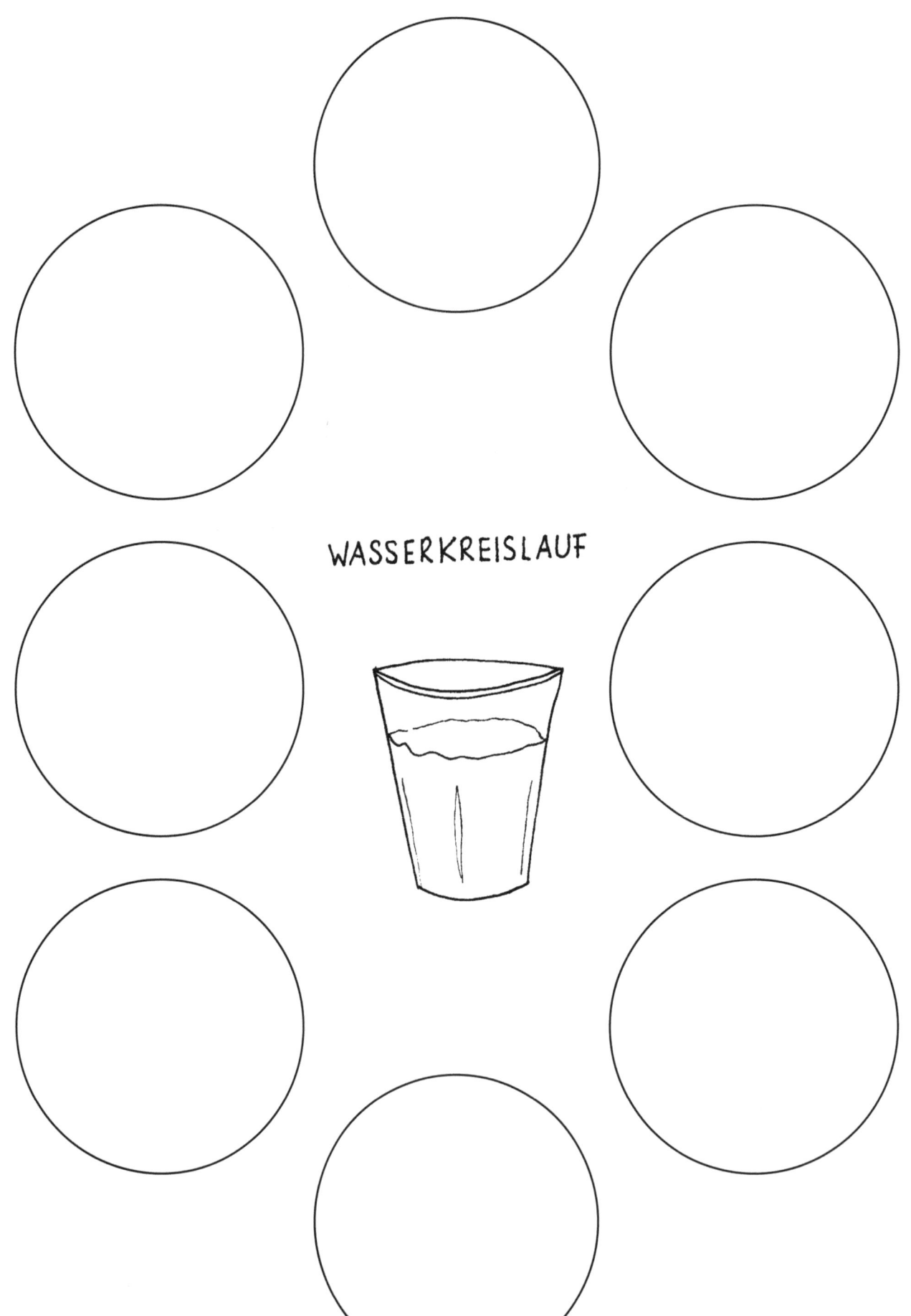

WASSERKREISLAUF

IDEENKISTE KINDERGaRTEN
Spiele, Arbeitsblätter, Legekärtchen, Bastelvorschläge – Bestell-Nr. 11 053

KOHL VERLAG

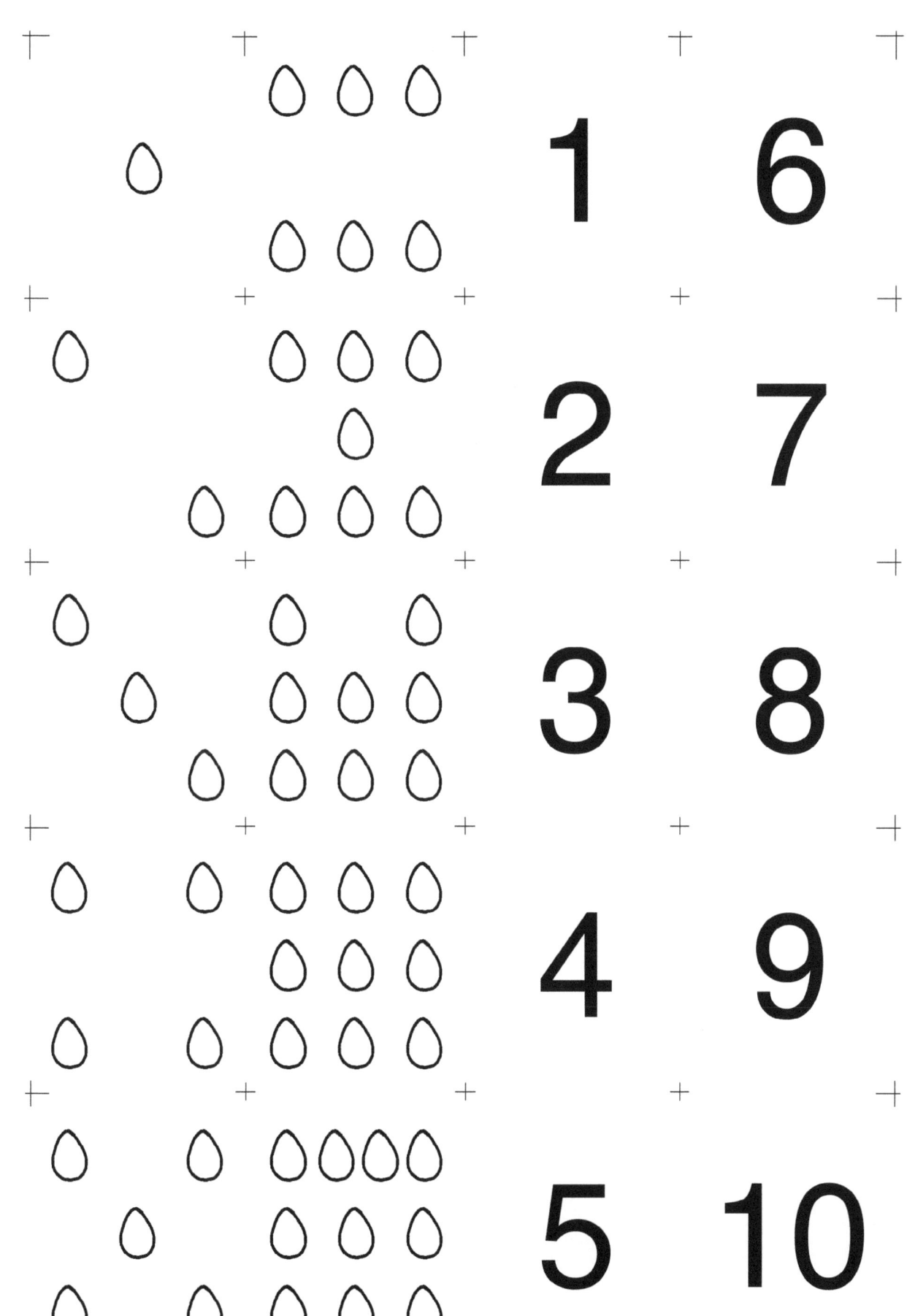

1   6

2   7

3   8

4   9

5   10

Spieler 1:	

Spieler 2:	

IDEENKISTE KINDERGaRTEN
Spiele, Arbeitsblätter, Legekärtchen, Bastelvorschläge – Bestell-Nr. 11 053

KOHL VERLAG

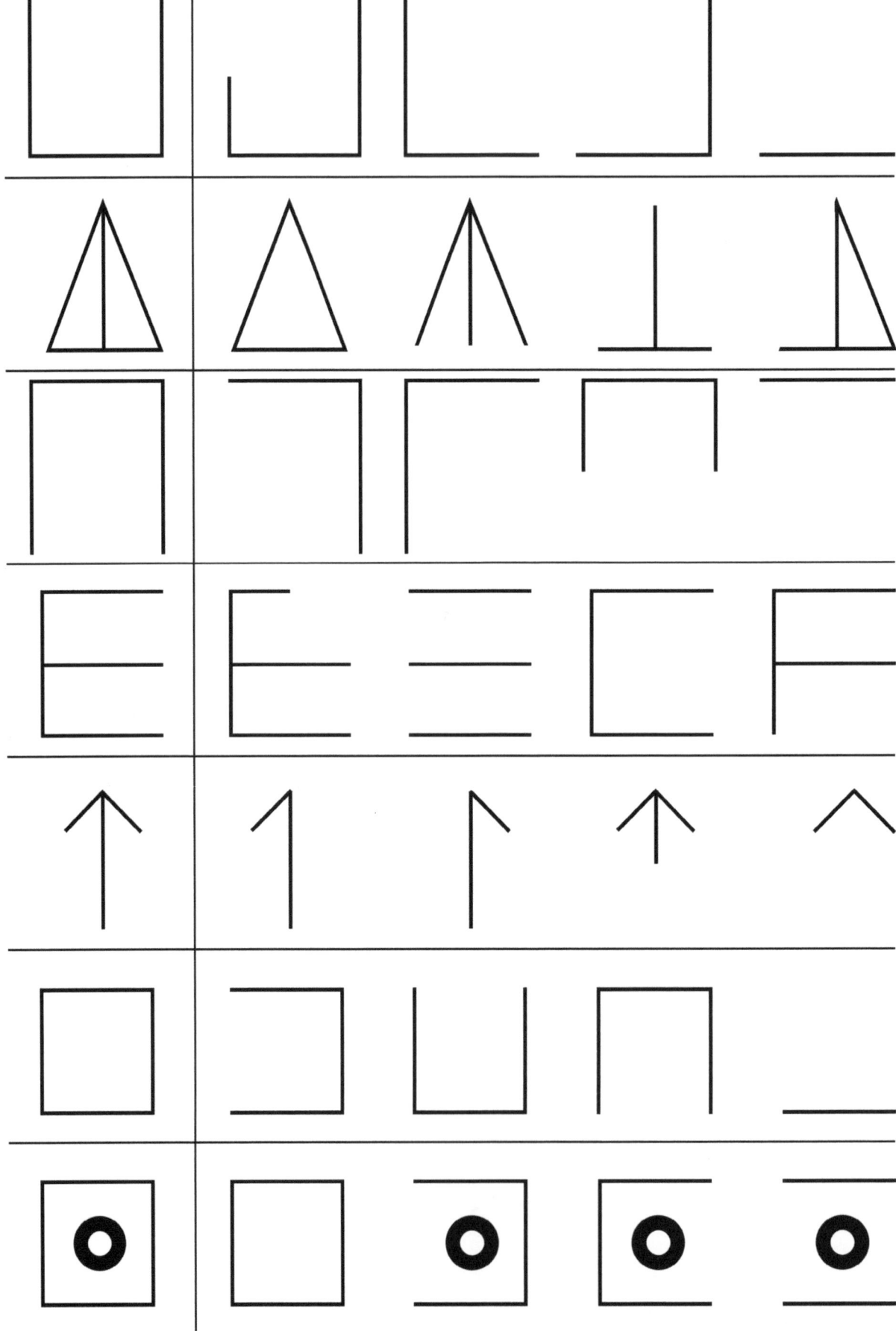

IDEENKISTE KINDERGaRTEN
Spiele, Arbeitsblätter, Legekärtchen, Bastelvorschläge – Bestell-Nr. 11 053

KOHL VERLAG

1   A = 3;   B = 4;   C = 1;   D = 6;   E = 2;   F = 5

3

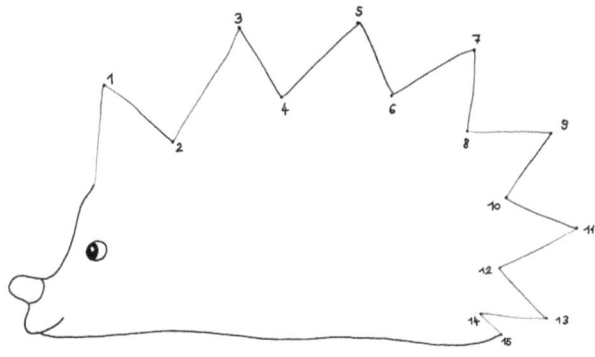

5   A = 6;   B = 5;   C = 3;   D = 4;

E = 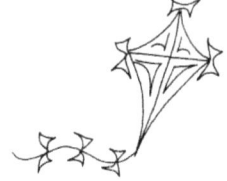   F = 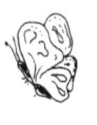   G = 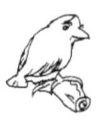   H =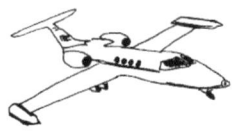

6   **Luft =**

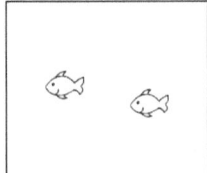 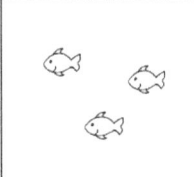 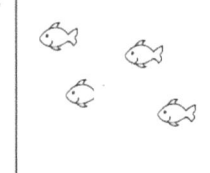

Wasser =

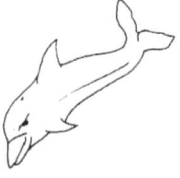 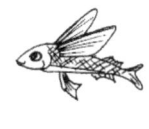 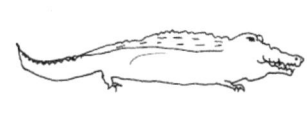 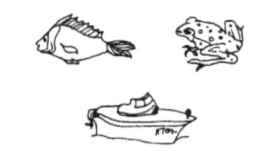

Erde =

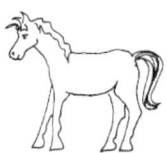 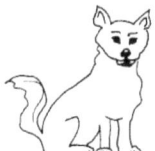  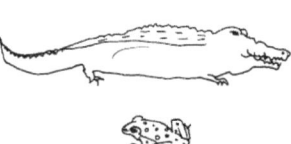

7

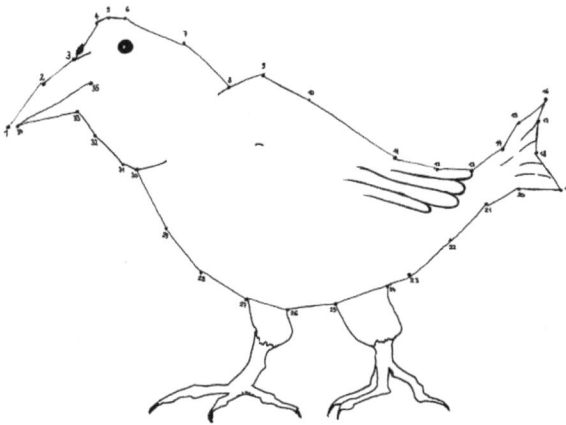

11

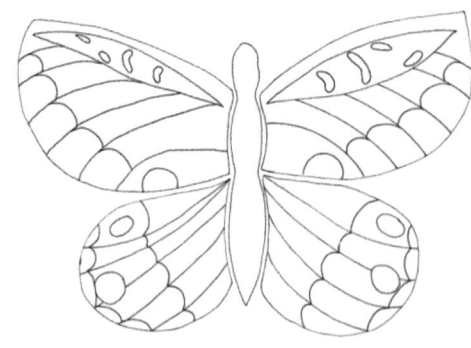

13

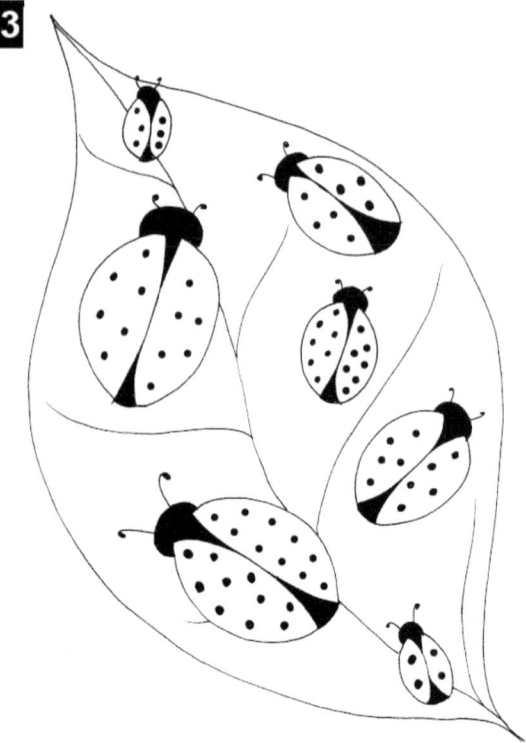

14 A = 🍎🍎🍎🍎🍎🍎

B = 🍇

C = 🟢🟢🟢

D = 🍓🍓🍓🍓

E = 🍐🍐🍐🍐🍐🍐   F = 🍒🍒   G = 🍋🍋🍋

15

Deutsche Post 📯	~~Deutsche Post 📯~~
postcard	teddy bear
stamp	lamp
envelope	croissant
postal truck	spray can
package	tree
pen	toothbrush
money/coins	plant
stamp on letter	box

16

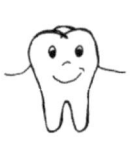
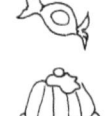
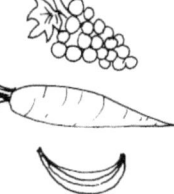
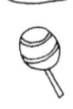
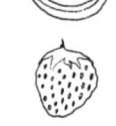
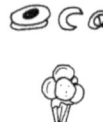
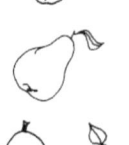
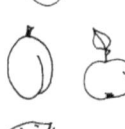
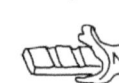
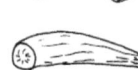

IDEENKISTE KINDERGaRTEN
Spiele, Arbeitsblätter, Legekärtchen, Bastelvorschläge – Bestell-Nr. 11 053
KOHL VERLAG

17 Kommt im Krankenhaus vor:

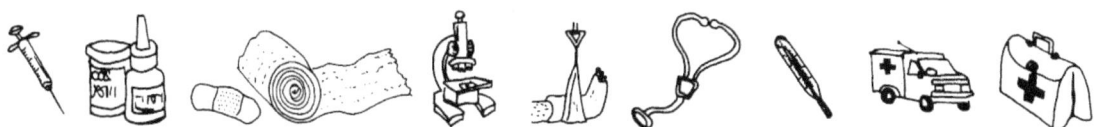

22

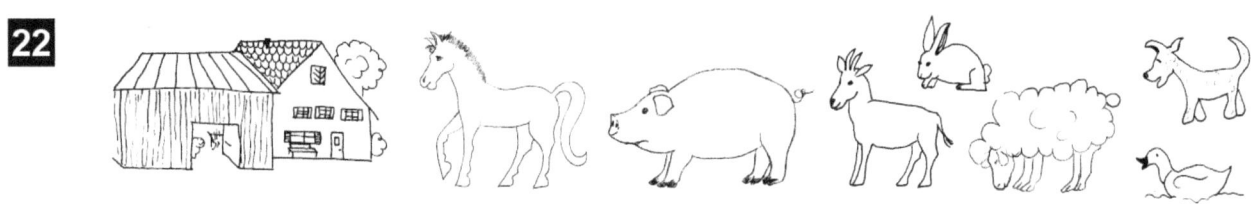

23

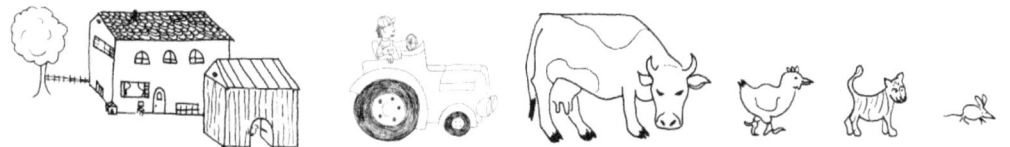

24

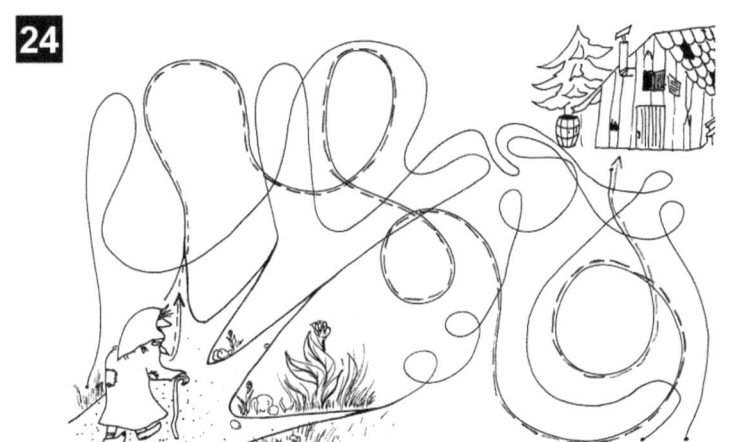

25

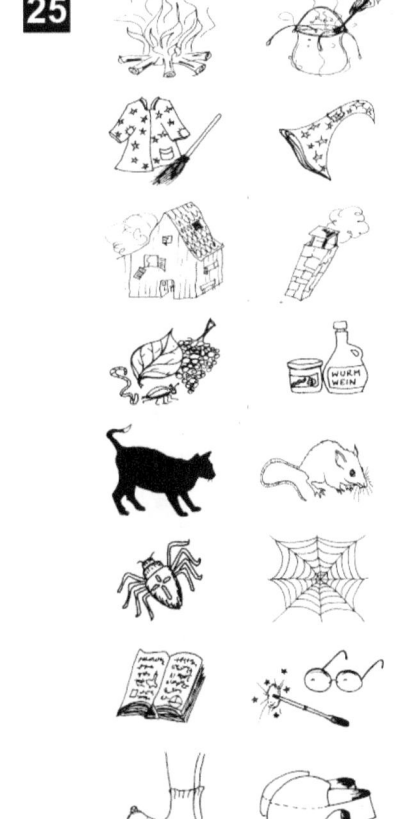

28

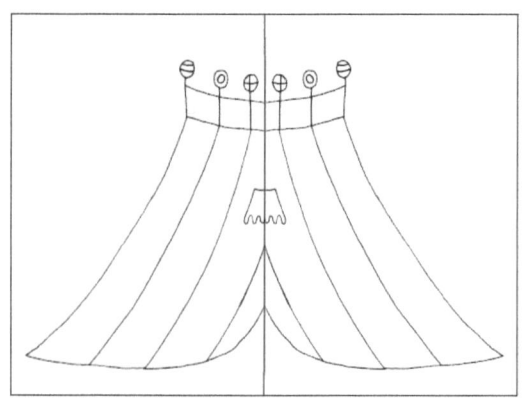

35

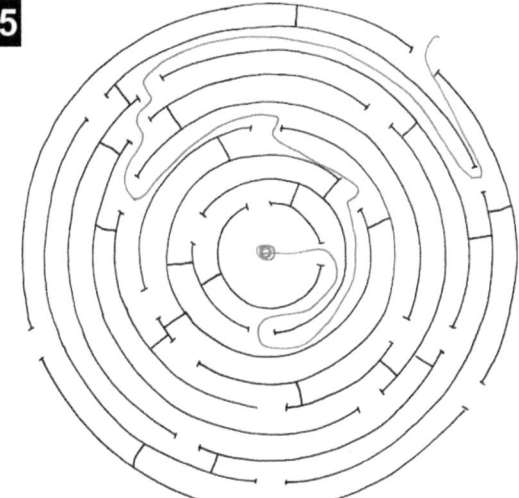

38

39

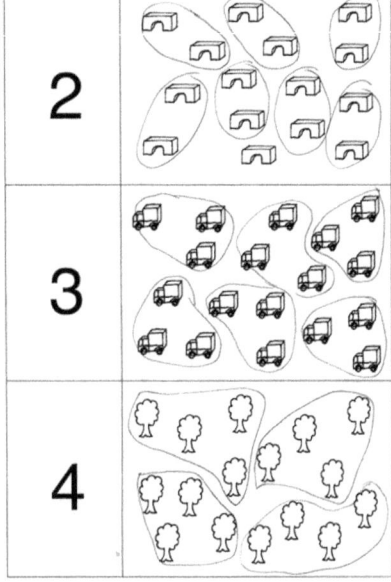

2	
3	
4	

41

•		
••		
•••		
•• ••		
••• ••		
••• •••		

50

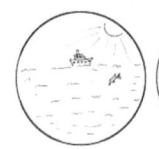 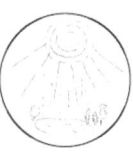 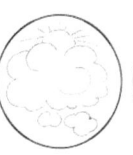  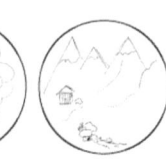 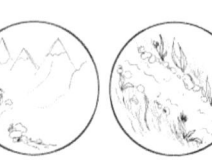 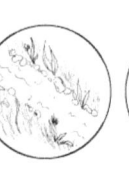 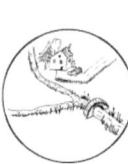 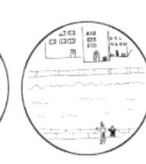

IDEENKISTE KINDERGaRTEN
Spiele, Arbeitsblätter, Legekärtchen, Bastelvorschläge — Bestell-Nr. 11 053

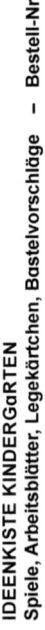 KOHL VERLAG

Gesundheit & Ernährung

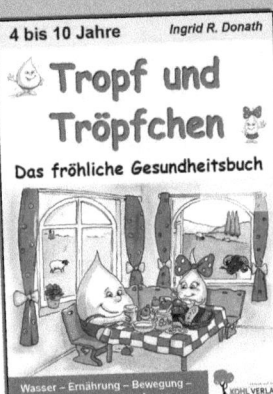

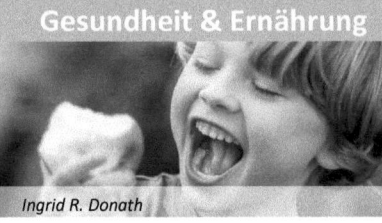

Tropf & Tröpfchen

Ingrid R. Donath

*Beim Erzählen des **Buches** wird zu einer gesunden Lebensführung angespornt. Die Gesundheitsthemen Wasser, Ernährung, Bewegung, Heilpflanzen und Lebensordnung werden spielerisch vermittelt. Das **Arbeitsheft** eignet sich für Kinder mit und ohne Lesekenntnisse. Mit umfangreichem **Zusatzmaterial** zum Download!*

4-6 J.

48 Seiten	Buch	10 909	ab 13,49 €
90 Seiten	Arbeitsheft	10 910	ab 13,49 €
	Zusatzmaterial	10 911	11,80 €

Das fröhliche Gesundheitsbuch

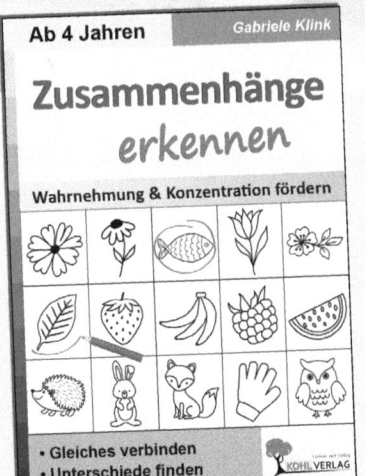

Gesunde Ernährung in Kindergarten & Vorschule

Leckere und gesunde Ernährung

Christine Schlote

Dieser Band bietet wertvolle Informationen zur Ernährung von Kindergarten- und Vorschulkindern. Behandelt werden diese Themen: Energie, Ballaststoffe, Zahngesundheit, Vitamine. Aufgezeigt werden gesunde Lebensmittel und wie oft man am Tag essen sollte.

Mit Geschichten zum Vorlesen, Verständnisfragen zu den Geschichten, Aufgabenstellungen zu den diversen Lebensmitteln.

5-8 J.

FARBIG	60 Seiten	11 174	ab 20,99 €

Kinderkochkurs

... das Bastel-Back-Kochbuch

Gabriele Klink

NE[U] ab D[ez.]

Wenn Kunst auf Gaumenfreude trifft ... Kinder sind [be]geistert, wenn sie aktiv kochen, backen und gestal[ten] dürfen, anstatt in der Zuschauerrolle zu verharren. Za[hl]reiche nationale und internationale Rezepte werden [mit] Kreativität und lehrreichem Hintergrundwissen präsen[tiert, sodass neben der Ästhetik auch soziale Kompe[tenzen geschult werden, denn die Rezepte haben st[ets] einen gewissen Bezug zum sozialen Miteinander. A[b]gerundet wird das Angebot durch ansprechende Bil[der]. Wussten Sie etwa, dass ein 70 Jahre alter Mensch [im] Jahre seines Lebens mit Essen verbracht hat und da[bei] rund 30.000 kg Nahrung zu sich genommen hat?

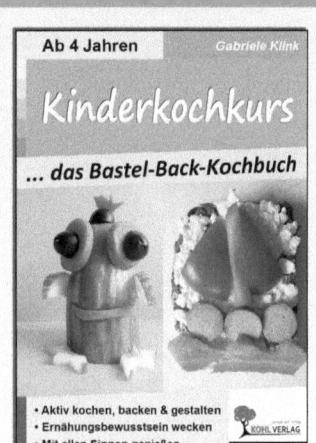

• Aktiv kochen, backen & gestalten
• Ernährungsbewusstsein wecken
• Mit allen Sinnen genießen

80 Seiten	12 843	ab 16,49 €

Der gesunden Ernährung auf der Spur

Nährstoffe durch Spielen und Basteln erforsche[n]

Gabriela Rosenwald

NE[U] ab M[ärz]

Von Geburt an nimmt die Nahrung großen Einfluss [auf] unsere Entwicklung und unser Wohlbefinden. Unse[re] Kinder sollten daher schon im frühen Alter erfahr[en], wie wichtig unsere tägliche Nahrung ist und wie [sie] sich zusammensetzt. In diesem Band wird das Gru[nd]wissen über gesundes Essen spielerisch in Form [von] ansprechenden Zuordnungsspielen, Malvorlagen o[der] interessanten Bastelideen vermittelt. Hinzu kommen ganz einfache Rezeptvorschläge, [die] sich zusammen mit interessierten Kindern ohne groß[en] Aufwand in der Betreuung umsetzen lassen.

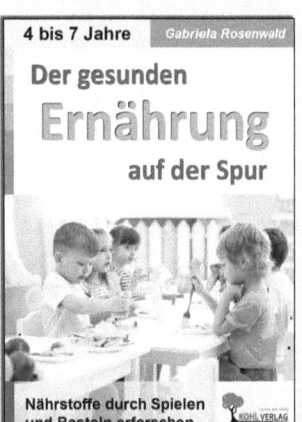

Nährstoffe durch Spielen und Basteln erforschen

FARBIG	32 Seiten	12 844	ab 15,99 €

Motorik • Konzentration • Wahrnehmung

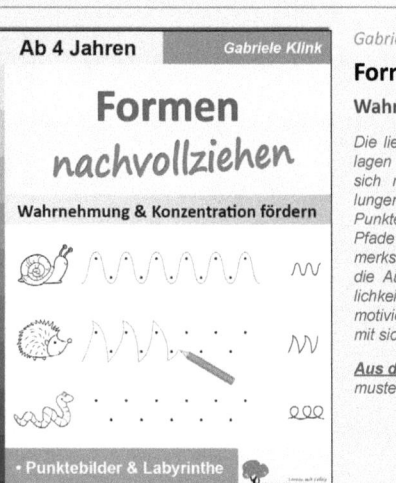

Ab 4 Jahren — *Gabriele Klink*

Zusammenhänge erkennen

Wahrnehmung & Konzentration fördern

Zusammenhänge erkennen

Wahrnehmung & Konzentration fördern

Gabriele Klink

Der Band schult gezielt die Wahrnehmung, um Ähnlichkeiten und Unterschiede einfacher feststellen zu können. Spielerisch und kindgerecht wird die Konzentration der Kinder gefördert sowie die Ausdauer und das logische Denken trainiert. Die Auswahl unterschiedlicher Aufgabenblätter mit zusätzlichen Ausmalmöglichkeiten garantiert viel Spaß.

Aus dem Inhalt: *Fehlerform finden, Gleiches verbinden, Gesuchtes ausmalen, Malen nach Symbolen und vieles mehr*

NEU ab Dez.

FÖ INK

4-6 J.

44 Seiten	12 846	ab 13,49 €

• Gleiches verbinden
• Unterschiede finden
• Muster weiterführen u.v.m.

Ab 4 Jahren — *Gabriele Klink*

Formen nachvollziehen

Wahrnehmung & Konzentration fördern

Formen nachvollziehen

Wahrnehmung & Konzentration fördern

Gabriele Klink

Die liebevoll gestalteten Kopiervorlagen animieren die Kinder dazu, sich mit vielfältigen Aufgabenstellungen auseinanderzusetzen. Ob Punktebilder erstellen, Labyrinthe lösen oder Pfade nachspuren ... hier wird gezielt die Aufmerksamkeit und Konzentration gefördert und die Auge-Hand-Koordination trainiert. Die Möglichkeit, die Arbeitsblätter ausmalen zu können, motiviert zugleich und bringt eine Menge Spaß mit sich.

Aus dem Inhalt: *Wege nachspuren, Kästchenmuster nachbauen, Spiegelbilder und vieles mehr*

NEU ab Dez.

FÖ INK

4-6 J.

44 Seiten	12 847	ab 13,49 €

• Punktebilder & Labyrinthe
• Wege nachspuren
• Kästchenbilder u.v.m.

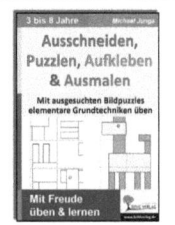

Grundkompetenz Motorik

Basisfähigkeiten gezielt fördern

Grundkompetenz Motorik

Gabriele Klink

Ideen, Tipps und Kopiervorlagen zur Steigerung der motorischen Fähigkei[ten] schon im frühen Alter. Kinder im Alter von 2 bis zu 6 Jahren können so anha[nd] lebensnaher Themen und kreativen Übungen in einer der wichtigsten Gru[nd]kompetenzen für das spätere schulische Lernen trainiert und gestärkt werd[en]. Die Basisfähigkeiten Motorik sind Voraussetzung für eine gute Feinmotorik.

40 Seiten	11 491	ab 11,99 €		FÖ INK

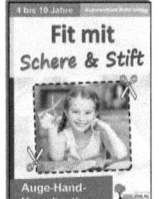

Ausschneiden, Puzzlen, Aufkleben & Ausmalen

Ausschneiden, Puzzlen, Aufkleben & Ausmalen

Michael Junga

Stärkung der Auge-Hand-Koordination bei den Basiskompetenzen. Die K[inder] der schneiden Puzzleteile aus, puzzlen sie zusammen, kleben sie auf u[nd] malen sie aus, dass der Rand des dargestellten Buchstabens möglichst ni[cht] übermalt wird. Die feinmotorischen Fähigkeiten sowie das visuelle Diskrimi[na]tionsvermögen und die allgemeine Konzentrationsfähigkeit werden trainier[t].

32 Seiten	11 373	ab 11,99 €		FÖ INK

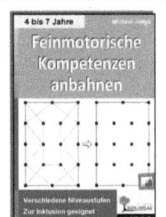

Fit mit Schere & Stift

Fit mit Schere & Stift   Auge-Hand-Koordination

Autorenteam Kohl-Verlag

Training der Auge-Hand-Koordination mit vielseitigen Übungen, sei es z[um] Angehen gegen vorhandene feinmotorische Schwächen, aber auch zum w[ei]teren Verfestigen des bereits Gelernten. Insbesondere auch in Verbindung [mit] „Gehirntraining durch Augenrätsel" (Doppeltitel) sprechen Sie so versch[ie]dene Zugangskanäle Ihrer Kinder an.

Auge-Hand-Koordination

48 Seiten	12 054	ab 12,49 €		FÖ INK

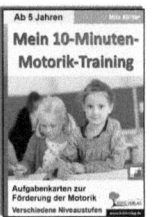

Feinmotorische Kompetenzen anbahnen

Feinmotorische Kompetenzen anbahnen

Michael Junga

Mandalas werden ausgemalt und nachgespurt. Geometrische Muster werd[en] auf Blanko-Material übertragen. Zusätzliche Buchstaben zum Nachzeichnen mit verschiedenen Anforderungsniveaus.
Übungen in verschiedenen Niveaustufen!

80 Seiten	11 735	ab 15,99 €		FÖ INK

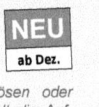

Mein 10-Minuten-Motorik-Training

Mein 10-Minuten-Motorik-Training

Mila Müller

*Mit einfachen Übungen lässt sich die Motorik mit wenig Zeitaufwand spiele[le]risch verbessern. Dieser Band bietet einfache und selbstständig auszufüh[]rende Aufgabenkarten zur Förderung der Motorik. Um den verschieden[en] Leistungsfähigkeiten der Kinder gerecht zu werden, sind die kindgerech[ten] Aufgaben auf **drei Niveaustufen** ausgelegt.*

Aufgabenkarten zur Förderung der Motorik
Verschiedene Niveaustufen

60 Seiten	11 947	ab 14,49 €		FÖ INK